Jörg Manhold

Rheinisch für Fortgeschrittene

Edition Lempertz

Impressum

Math. Lempertz GmbH
Hauptstr. 354
53639 Königswinter
Tel.: 02223 / 900036
Fax: 02223 / 900038
info@edition-lempertz.de
www.edition-lempertz.de

Texte: © Jörg Manhold, General-Anzeiger

Illustrationen, Titelgestaltung und Satz:
Grafik-Büro Schumacher, www.gb-s.de
Lektorat: Philipp Gierenstein, Eva Weigelt

Printed and bound by
NEOGRAFIA, a.s., Slowakei, www.neografia.sk

ISBN: 978-3-96058-311-0

JÖRG MANHOLD

RHEINISCH FÜR FORTGESCHRITTENE

HANDBUCH DER RHEINISCHEN LEBENSART

Illustriert von
Olaf Schumacher

EDITION
LEMPERTZ

GELEITWORT

In den rheinischen Redensarten geht es um den Menschen: Was er tut, was er nicht tut, welchen Blödsinn er anstellt, was ihm widerfährt. In den Redensarten wird all das verarbeitet: Erfahrungen, Erlebnisse, Erkenntnisse. Und es wird auf den Punkt gebracht: „Lävve on lävve losse."

Manche der im Rheinland verbreiteten Redensarten kommen auch in anderen Teilen Deutschlands vor, manche sucht man anderswo vergeblich. „Do kanns mer ens de Naache deue": Das wird man in Schleswig-Holstein oder Bayern vermutlich weder verwenden noch verstehen.

„Rheinisch" sind die hier vorgestellten Wendungen aber auch durch ihre Sprache: den rheinischen Dialekt. Schon ihrer sprachlichen Form wegen sind diese Redensarten vielen Menschen im Rheinland besonders lieb und teuer. „Wer sich ärjert üwwe mich un de ming, der soll no Huus jon un beluur sich de sing": Rheinisch klingt vertraut.

Auch wenn die Redensarten die Sache auf den Punkt bringen – einer Erklärung bedürfen sie doch. Vielleicht schon deshalb, weil heute lange nicht mehr alle den rheinischen Dialekt verstehen. „E Fraulücks Been wärmb mih wie en Kaar voll jlönije Zijjelsteen": Das wird sich nicht mehr allen von allein erschließen. Erklärungsbedürftig sind die Redensarten auch, weil sie oft vor langer Zeit entstanden

und deshalb dem Menschen im 21. Jahrhundert nicht mehr ohne Weiteres zugänglich sind. „Du driehst dich wie'n Karr Äsch": Das will erläutert sein.

Redensarten sind ferner – und hier nähern wir uns einer Spezialität Jörg Manholds – nicht selten schillernd und mehrdeutig, so dass sie einer erhellenden Auslegung unbedingt bedürfen. „Wäe fuul es, es och schlau": Wer das hört, steht im ersten Moment vielleicht auf dem Schlauch. An dieser Stelle läuft der Autor dieses Buches zu großer Form auf: Wie er die Redensarten dreht und wendet, welche Zusammenhänge er entdeckt, wie er sie für Menschen der Jetztzeit zum Sprechen bringt – das ist des Lesens wert!

Lesen bildet. Und kann Spaß machen. Schreiben auch. Wer die Texte Jörg Manholds liest, kann ihm irgendwie beim Schreiben derselben über die Schulter schauen. Er hatte Spaß dabei – und der überträgt sich unweigerlich auf seine Leserinnen und Leser.

In diesem Sinne!
Georg Cornelissen
LVR-Sprachforscher

HANDBUCH DER RHEINISCHEN LEBENSART

Der rheinische Dialekt ist leider vergänglich. Früher war er hierzulande die allgemein anerkannte Alltagssprache. Er wurde gesprochen im Geschäft, auf dem Markt und dem Sportplatz. Zugezogene konnten ihn überall aufschnappen und sich zu Eigen machen. Dann kam die Zeit, dass die Mundartsprecher gesellschaftlich nicht mehr sehr ange-sehen waren und man den Kindern das Platt in der Schule systematisch austrieb. Inzwischen hat das Rheinische sein Getto vor allem im Karneval gefunden.

Unabhängig davon ist es lohnenswert, den Dialekt, seine Geheimnisse und Möglichkeiten zu retten, zu pflegen und auf Dauer zu erhalten, denn er ist einzigartig. Was seine sprachlichen und emotionalen Möglichkeiten angeht, ist seine Ausdrucksvielfalt unübertroffen. Deshalb sollten wir es uns zur Aufgabe machen, ihn für spätere Generationen zu sichern. Und das geht nur, wenn wir Gelegenheiten finden, ihn auch zu sprechen. Wie gesagt, man kann im Rheinischen Dinge ausdrücken, wie es im Hochdeutschen so nicht möglich ist. Bei der Beschäftigung mit den rheini-schen Redensarten, die ja sozusagen gleichzeitig der Kern und die Kür der rheinischen Mottersproch sind, fallen regelmäßig Themen auf, die mit Glück und Lebensart zu tun haben. Deshalb haben wir aus all den beschriebenen

Redensarten einen Extrakt destilliert, der die enthaltenen Erkenntnisse zusammenfasst. Herausgekommen sind DIE zwölf Grundsätze der rheinischen Lebensart. Sie sind die Quintessenz des Lebensgefühls am Rhein, des schönsten Fleckchens dieser Erde.

Jörg Manhold

1. _____
2. _____
3. _____
4. _____
5. _____
6. _____
7. _____
8. _____
9. _____
10. _____
11. _____
12. _____

12
GRUNDSÄTZE
DER RHEINISCHEN
LEBENSART

1. Pass op op Heem un Hoff

2. Bliev jeck wie de bess

3. Preis de leeve J

4. Öfter mohl jet Neues

5. Do sulls net kühme

6. Do moss vill schwaade

7. Loss einfach loofe

8. Han Spass an d'r Freud

9. Hühr op ding Hätz

10. Loss et d'r jood jonn

11. Dunn net zovill

12. Luhr, ov et Kölsch noch schmeck

Präambel

Wichtige Hinweise zur Lebensbewältigung werden gerne durchnummeriert und in gediegener Form an den Mann und die Frau gebracht. Dafür braucht es meist eine passende Offenbarungsgeschichte. So war es vor allem bei den Zehn Geboten, die Moses von Gott erhielt, dokumentiert im Buch der Bücher, der Bibel. Auch das Rheinische Grundgesetz, mit seinen elf Paragrafen für alle Fälle und zur Orientierung in einer unübersichtlichen Welt, erfreut sich großer Beliebtheit.

Aus unserer Beschäftigung mit den rheinischen Redensarten und deren praktischen und teilweise philosophischen Aussagen haben wir nun – quasi als eine Steigerung – die zwölf Axiome der rheinischen Lebensart extrahiert. Was ein Axiom ist? Der Begriff stammt aus der Mathematik und beschreibt einen Grundsatz, der nicht mehr bewiesen werden muss. Und davon gibt es im rheinischen Alltag genau zwölf. Die zwölf Grundsätze der rheinischen Lebensart verstehen sich tatsächlich von selbst und skizzieren das süße Leben am Rhein. Denn wer sich danach richtet, dem ist ein glückliches Leben vergönnt. Und die Grundsätze fassen zusammen, was praktisch überhaupt nicht zusammenzufassen ist: die ganze Welt der rheinischen Redensarten.

1 Pass op op Heem un Hoff

„Pass auf auf Heim und Hof": Das eigene Haus und dessen Umfeld ist die zentrale Keimzelle des rheinischen Lebens. Hier wird gelebt, geliebt und gestritten. Wie auch immer die Binnenbeziehungen der Menschen sind, das Wichtigste ist, das Ganze nach außen zu sichern.

2 Bliev jeck wie de bess

„Bleibe verrückt, wie du bist": Der Rheinländer ist ein bisschen bekloppt. Der eine so, der andere so. Es ist eben jeder Jeck anders. Aber am Ende sind alle liebenswürdig unterschiedlich. Das ist auch die Quelle seiner Toleranz. Denn wenn es kein Optimum gibt, ist für jeden Platz.

3 Preis de leeve J

„Preise den lieben Gott": Im katholischen Rheinland ist es einer der wichtigsten Grundsätze, den lieben Gott zu ehren. Nicht umsonst steht er als Imperativ da. Er ist der Ursprung, das Unermessliche und das Elementarste. Deshalb kann man auch nach ihm in Kreuzworträtselmanier fragen: Was ist das höchste rheinische Wesen mit einem Buchstaben? Antwort: J! Kürzer geht es wahrlich nicht.

4 Öfter mohl jet Neues

„Öfter mal was Neues": Immer beim Alten verharren
garantiert Langeweile. Wertvolles sollte man erhalten, so
viel Konservatismus muss sein. Aber auf dem Sektor der
Innovationen sollte es vorangehen. Deswegen sollte man
experimentierfreudig bleiben und auch mal Neues versuchen. Getreu dem Motto des amerikanischen Dichters
Robert Frost: „Im Wald zwei Wege boten sich mir dar, und
ich ging jenen, der weniger betreten war. Und das ver-
änderte mein Leben."

5 Do sulls net kühme

„Du sollst nicht stöhnen": Wer sich bekümmert über die
Umstände des Lebens, der ändert nichts, sondern schun-
kelt sich in eine Depression. Alles ist schlecht, alle sind
schlecht und einem selbst geht es schlecht. Die Welt ist
Wille und Vorstellung, deshalb sollte man das ziellose
Stöhnen aus dem Leben verbannen.

6 Do moss vill schwaade

„Du musst viel reden": Reden ist Silber, Schweigen ist Gold, so lautet eine volkstümliche Redensart. Für den Rheinländer gilt das nicht. Er weiß: Wer redet, sticht nicht zu. Wer redet, redet sich den Frust, die Trauer, die Angst von der Seele. Das weiß auch der Psychologe, der den Patienten sprechend frei assoziieren lässt. Es muss nicht immer die hohe Redekunst sein, von der wir hier sprechen. Es geht ganz im Sinne der alten Griechen um Katharsis, um Reinigung. Im Extrem gibt es die Brabbelmeditation, die den Menschen ein unglaublich befreiendes Gefühl vermittelt. Einfach mal eine Viertelstunde drauflos brabbeln, oder schwaade. Und manches wird gut.

7 Loss einfach loofe

„Lass einfach laufen": Es gibt in diesen Tagen eine Modekrankheit, die nennt sich Burnout. Viele Menschen leiden darunter, dass sich alles immer schneller dreht und die Zahl der Eindrücke täglich größer wird. Sie empfinden die ständige Erreichbarkeit und den damit verbundenen Leistungsdruck als belastend. Und das sicher zu Recht. Der Ausweg aus dem Hamsterrad kann nur heißen: Einfach mal die Dinge laufen lassen. Nicht als Standardmaxime, aber doch als gesunder Puffer. Man soll sich nicht jedes Problem zu eigen machen. Versuchen Sie doch einfach mal, auf eine Problembeschreibung hin mit den Achseln zu zucken.

8 Han Spass an d'r Freud

„Habe Spaß an der Freude": Wer fleißig ist, muss auch feiern können. Genießen Sie die schönen Augenblicke des Lebens. Vermiesen Sie sie nicht durch Gedanken an Pflichten und Aufgaben. Nur wer auch mal abschalten und genießen kann, wird ein glücklicher Mensch. Und die Psychologen sagen uns: Lange und glücklich lebt, wer gute Sozialkontakte hat und pflegt.

9 Hühr op ding Hätz

„Hör auf dein Herz": Der Mensch ist ein vernunftbegabtes Wesen. Und er handelt oft auf Basis von rationalen Überlegungen. Das ist gut und nicht von der Hand zu weisen. Aber wirklich gut wird es nur, wenn Sie auf Ihr Gefühl hören. Damit liegen Sie immer intuitiv richtig. Denn das Herz spürt, was der Verstand nicht ausloten kann.

10 Loss et d'r jood jonn

„Lass es dir gut gehen": Das klingt so einfach, und ist doch so schwer. Denn, wie macht man das? Es sich gut gehen lassen? Das kann mitunter ganz viel Arbeit sein, und zwar sehr zielgerichtete. Dahinter steht die Überlegung, dass nur der gut mit anderen umgeht, der auch mit sich selbst gut verfährt. Das heißt: Gönnen Sie sich mal was. Lassen Sie alle anderen Überlegungen beiseite und seien Sie der Wohlfühlanwalt für sich selbst.

11 Dunn net zovill

„Tu nicht zu viel": Klar, man könnte Tag und Nacht arbeiten und dazu den 24-Stunden-Tag noch um ein paar Stündchen verlängern. Aber wem nützt das? Das Leben sollte eine ausgewogene Mischung aus Anspannung und Entspannung, aus Arbeit und Freizeit sein. Das ist ja quasi die Voraussetzung, um überhaupt Leistung bringen zu können. Die Kräfte müssen da sein, und eine Prise Spaß ist dem Ganzen auch nicht abträglich. Heute würde man von Work-Life-Balance sprechen. Der Rheinländer wusste das aber schon lange vor Entstehen dieses Zeitgeistbegriffes aus sich heraus.

12 Luhr, ov et Kölsch noch schmeck

„Guck, ob das Kölsch noch schmeckt": Zum Schluss kommen wir quasi zum allerwichtigsten Grundsatz der rheinischen Lebensart. Während man nicht von überall aus im Rheinland überprüfen kann, ob der Dom noch steht, ist die Frage nach dem Kölsch eigentlich dezentral überall zu beantworten. Denn wenn wir die anderen elf Prinzipien einhalten, dann ist ein vernunftbasierter Kölschkonsum gewissermaßen die höchste Veredlungsstufe des rheinischen Lebens. Prost!

RHEINISCH-QUIZ

Im rheinischen Dialekt oder Platt gibt es ganz unterschiedlich prominente Begriffe. Zur Einstimmung ins Thema haben wir mal ein paar seltenere Wörter herausgesucht. Wer Lust hat, kann gerne mitraten, welcher was bezeichnet. Wer es ohnehin weiß, umso besser. Viel Spaß beim Grübeln. Die Auflösung steht hinten im Buch.

1. Lällbäck
2. Röpejaffel
3. Sehvemanes
4. Dorjeneen
5. Schöpp
6. Drallije
7. basses
8. Schottel
9. jedutsch
10. läddich

RHEINISCH FÜR FORTGESCHRITTENE

DER ELFTE ELFTE

Wer am Elften Elften geboren ist, der stammt am besten aus dem Rheinland, denn sonst entgeht ihm etwas. Das hat der Autor dieser Zeilen schon früh selbst erfahren. Denn natürlich gilt man, erblickt man um fünf vor fünf am Elften Elften das Licht der Welt, schon im Kinderwagen als waschechter Karnevalsjeck.

Selbst wenn man im Städtischen Krankenhaus Duisburg geboren wurde und deshalb zunächst einmal als Rheinländer mit Migrationshintergrund zu gelten hat. Aber die Menschen zwischen Bonn und Köln gemeinden gerne ein. Deshalb wurde aus dem kleinen Jörg, noch bevor er auf den eigenen Füßchen stand, „de Schorsch".

Da war der Jeck angekommen. Aber er ist nicht nur dauerhaft lustig, der assimilierte närrische Mitbürger, sondern er gibt auch gerne. Denn der Elfte Elfte ist zugleich der Martinstag. Der Hausheilige der Rheinländer hat bekanntlich seinen Mantel geteilt, als er jemanden sah, dem es schlechter ging als ihm. Man muss halt auch gönnen können. Und seitdem ziehen Heerscharen von Kindern mit selbst gemachten Beleuchtungsmitteln durch die dunklen Straßen und sind anschließend im Besitz von Weckmann und Bonbons, die wir an dieser Stelle mal Kamelle nennen. Und weil der Elfte Elfte so ein schönes jeckes Datum ist, muss es auch anständig gefeiert werden. Denn es ist das Zeichen dafür, dass es schön ist und bleibt, ein Rheinländer zu sein.

DER ESSEL,
DER SECHS SÄCK DRÄT, DER
SPÜRT DE SIEBTE NET MIEH

Heutzutage wird viel davon gesprochen, dass die Gesell-
schaft im Wandel begriffen ist und dass die Vereine vor
großen Problemen stehen. Vielfach fehlt es an Nachwuchs. Außer den Sportvereinen gehen vielen e. V.'s die
Mitglieder aus. MGV (Männergesangverein), Schützen,
Briefmarkensammler, so manches Thema findet keine
Anhänger mehr. Und die meisten Menschen möchten sich
nicht mehr langfristig an eine Vereinigung binden. Das
gilt ja ganz offensichtlich auch für politische Parteien.

Und genau dieser Befund hat auch mit der vorliegenden
rheinischen Redensart zu tun, die es allerdings schon länger gibt und somit keineswegs eine moderne Erkenntnis
ist. Es geht um: „Der Essel, der sechs Säck drät, der spürt
de siebte net mieh." Auf Hochdeutsch heißt das: „Der Esel,
der sechs Säcke trägt, der spürt den siebten nicht mehr."
Klar, soweit. Die Bedeutung widmet sich der Tatsache,
dass es immer dieselben Menschen sind, die in Vereinen
oder Institutionen Verantwortung oder lästige Dienste
übernehmen. Es sind immer die gleichen Gesichter, die
man bei Festen hinter der Theke oder beim Kassendienst
sieht. Und man hat den Eindruck, dass derjenige, der
gerne bereit ist zu helfen, recht schnell ein Monopol auf

die Ableistung unentgeltlicher Dienstleistungen erhält. Dieser Trend ist schon länger nachweisbar, scheint sich aber deutlich verstärkt zu haben. Nun klingt die vorliegende Redensart aber keineswegs wie ein Lob für den Fleißigen. Denn der Begriff Esel wird meist als Synonym für einen Dummen benutzt. In Anlehnung an einen bekannten Buchtitel von Ulrich Wickert könnte man sagen: Der Fleißige ist immer der Dumme. Und tatsächlich scheint es sich bei den Angesprochenen um Typen zu handeln, die nicht gut Nein sagen können. Das wäre ihnen aber hin und wieder zu wünschen, denn sonst besteht die Gefahr, dass ihre Gutmütigkeit ausgenutzt wird und sie in Arbeit ersticken, während andere danebenstehen und den lieben Gott einen guten Mann sein lassen.

In diesem Sinne verbuchen wir diese Redensart als einen sehr fürsorglichen Hinweis, auch wenn er der Form nach das Zeug zu einer Beleidigung hat. Aber wie so oft ist das Rheinische hier der Sache nach zu verstehen und nicht dem Wortlaut entsprechend.

ALL LEHDE LOSSE SICH NET FLÖTE

Eine besonders interessante, weil zweischneidige Variante der rheinischen Redensarten hat uns Mundartsprecher Gottfried Müller aus Walberberg ans Herz gelegt. Sein Lieblingssatz lautet: „All Lehde losse sich net flöte!" Das dürfte von Seiten der Übersetzung ins Hochdeutsche keine Schwierigkeit sein: „Alle Lieder lassen sich nicht flöten." Bei dieser Satzstellung liegt die Betonung auf dem Wort „alle". Und damit rückt uns ein Problem dieser Zeit näher. Denn im übertragenen Sinne kann darunter verstanden werden, dass man beileibe nicht alle Dinge tun kann, die man gerne tun möchte. Gerade in Zeiten der digitalisierten Welt ist das Angebot, sich zu betätigen, so groß, dass es kaum möglich ist, sich zu entscheiden. Es gibt Menschen, die brechen unter dieser Last mit einer Burnout-Diagnose zusammen, weil sie zu viele Eisen im Feuer hatten. Wörtlich verstanden, liegt die Aussage auf der Hand. Man kann nicht alle Lieder gleichzeitig pfeifen, und man kann sie auch nicht alle nacheinander pfeifen. Deshalb sollte man sich ein Lied aussuchen, das einem gut gefällt.

Besonders nahegehend hat dieses Problemfeld der Schriftsteller Franz Kafka in seiner „Kleinen Fabel" von 1920 formuliert: „Ach", sagte die Maus, „die Welt wird enger mit jedem Tag. Zuerst war sie so breit, dass ich Angst hatte, ich lief weiter und war glücklich, dass ich endlich rechts und links in der Ferne Mauern sah, aber diese langen Mauern eilen so schnell aufeinander zu, dass ich schon im letzten Zimmer bin, und dort im Winkel steht die Falle, in die ich laufe." – „Du musst nur die Laufrichtung ändern", sagte die Katze und fraß sie.

Einen ganz anderen Ansatz sieht Dialektsprecher Müller. So, wie der Satz in seiner Familie angewandt und verstanden wird, müsste er eigentlich so formuliert werden: „Nicht alle Lieder lassen sich flöten." Da liegt die Betonung auf: „Nicht alle Lieder". Das verweist auf diplomatische Art darauf, dass jemand Herrschaftswissen besitzt, das er nicht mit jedem teilen möchte, kann oder darf. Da hat es die Bedeutung: Man kann nicht alles sagen, was man weiß. Es ist also ein Satz, der aus der höheren Diplomatie oder aus der Welt der Geheimdienste stammen könnte.

ETT HÄTT JOOT JEJANGE, EMM PASTUUR SE HUUS ESS MET AFFJEBRANNT

Eine menschliche Grunddisposition ist die Schadenfreude. Sie ist die Kehrseite des Neides. Sie erwächst stets aus dem Vergleich mit dem Nächsten. Geht es ihm besser als mir? Oder bin ich besser dran als er? Vielleicht beobachtet man schon länger, dass der Nachbar mehr Geld hat als man selbst. Dann allerdings geschieht ihm ein Missgeschick. Und die Schadenfreude, die man empfindet, entschädigt für die vorangegangenen vermeintlichen Demütigungen.

Das ist in der rheinischen Redensart wirksam, die uns Günter Bois anempfohlen hat: „Ett hätt joot jejange, emm Pastuur se Huus ess met affjebrannt." Die Übersetzung wäre: „Es ist gut gegangen, das Haus des Pastors ist auch abgebrannt." Die Psychologie kennt diese menschliche Logik. Sie findet dafür den Begriff der „Rationalisierung". Das hat an dieser Stelle rein gar nichts damit zu tun, dass man etwa in einer Firma Personal einsparen will. Ein Beispiel wäre das Lied „Dicke" von Marius Müller-Westernhagen. Er sang es 1978 zum ersten Mal und landete damit einen Riesenhit. Darin heißt es: „Ich bin froh, dass ich kein Dicker bin, denn dick sein ist 'ne Quälerei. [...] Drum müssen Dicke auch Karriere machen. Mit Kohle ist man auch als Dicker gefragt." Da vergleicht der Sänger einen Dicken mit sich selbst, der ein „dürrer Hering" ist und dafür wohl oft gehänselt wurde. Man könnte die Kernaussage vielleicht so formulieren: Der Dicke hat zwar viel Geld, das ich nicht habe, aber dafür habe ich all die Probleme nicht, die mit seinem Dicksein verbunden sind.

So funktioniert das Prinzip der Rationalisierung. Mein Gegenüber ist zwar in gewisser Hinsicht bessergestellt, aber dafür fehlt ihm eine wichtige Eigenschaft, so dass er seinen Vorteil gar nicht genießen kann. Weitet man diese Argumentation aus, dann ist das Unglück, das einem selbst geschieht, gar nicht so schwerwiegend, wenn es parallel auch einer höhergestellten Person passiert. „Mein Opa sagte das, wenn etwas schlecht gelaufen war, aber dieses Pech auch die Obrigkeit heimsuchte", sagt Günter Bois. Mit rationalen Maßstäben ist diese Form der Selbstberuhigung nicht nachvollziehbar. Und das regt schon wieder zum Schmunzeln an.

ZESAMME STONN WIE ENE JOTT UN POTT

Es gibt diese Geschichten von musikbegeisterten Menschen, die über Jahre hinweg etwa eine englischsprachige Textpassage völlig falsch verstehen, sie rein phonetisch nachformen und dabei einen ganz falschen Sinn darin entdecken. Das gibt es selbstverständlich auch bei rheinischen Texten.

Eine geschätzte Kollegin, die zugegebenermaßen dereinst aus Wuppertal hierher eingewandert ist, verstand einen Satz aus dem Höhner-Lied „Ich ben ne Räuber" völlig miss. „Ich kann nit treu sin, läv en d'r Daach ren", übersetzte sie mit: „Ich kann nicht treu sein, lebe in der Dachrinne." Das kann natürlich zu Missverständnissen führen. Aber niedlich ist es schon.

Etwas anders gelagert ist es bei einer anderen Liedzeile derselben Band, die wir jetzt einfach mal in die rheinischen Redensarten eingemeinden. Es geht um: „Zesamme stonn wie ene Jott un Pott." Das heißt wörtlich übersetzt: „Zusammen stehen wie ein Gott und Topf." Leider hilft das Wissen um die Übersetzung wenig, denn der übergeordnete Sinn erschließt sich nur, wenn man rheinisch denkt. Da begegnet uns wieder mal der Katholizismus, der wie nebenbei, teilweise sogar unmerklich, den Alltag und die Gedankenwelt des Rheinländers durchtränkt. Hier geht es also einerseits um Gott. Und es formt sich in Gedanken sogleich

jenes Urbild der bäuerlichen Küche, die einst das Zentrum des familiären Alltags war. Hier wurde gekocht, geputzt, gespült, gebügelt, gestritten und gegessen. Man kann also sagen: „Jott un Pott" repräsentieren in Kurzform das rheinische Verständnis vom Familienzusammenhalt.

Etwas elaborierter muss es also heißen: „Wir beten zu einem Gott und essen aus einem Pott." Und das bedeutet: Wir sind so eng zusammen, enger geht es schon nicht mehr. An anderer Stelle sagt man schon mal: Blut ist dicker als Wasser. Und das hat gar nichts mit gegenseitiger Sympathie zu tun. Denn mit der Verwandtschaft ist man nun mal verwandt. Da kann man gar nichts machen.

VUN NIX KÜTT NIX

Der Journalist und Sprachpapst Wolf Schneider hat mehr als einmal den flammenden Appell geäußert, man möge doch verständlich sprechen und schreiben. Und in seinem Sinne bedeutet „verständlich": einfach, kurz und knapp. Überflüssige Adjektive und Attribute gehören in den Sprachmülleimer. Zusammengesetzte Worte auch. Je kürzer ein Wort, desto größer die ihm innewohnende Kraft. Zum Beispiel: „Baum". Einsilbigkeit ist eine Zierde, und

ein sprachliches Mittel, das Kraft symbolisiert. Und der Sprachphilosoph Ludwig Wittgenstein hat dem noch den theoretischen Überbau verliehen, als er schrieb: „Was sich überhaupt sagen lässt, lässt sich klar sagen; und wovon man nicht reden kann, darüber muss man schweigen." (aus dem Vorwort zum Tractatus, 1918)

Diese Vorrede lässt sich ohne Weiteres auch auf unsere rheinische Redensart übertragen. Denn das Sprichwort „Vun nix kütt nix" ist kurz und knapp und von Einsilbigkeit geprägt. Übersetzt würde es heißen: „Von nichts kommt nichts." Es liegt auf der Hand, dass es so ist. Allein von der Logik her ist an der Feststellung nichts auszusetzen. Würde man es in einer mathematischen Formel fassen wollen und „nichts" mit x gleichsetzen, dann hieße es: $x = x$. Im Rheinischen gibt es dazu sogar die schöne Liedpassage: „Dreimol Null es Null, bliev Null" ($3 \times 0 = 0 = 0$). Übertragen auf die höhere Bedeutungsebene soll das freilich heißen: „Ohne Fleiß kein Preis." Man muss sich also schon anstrengen, wenn man etwas erreichen will. Sätze dieser Intention gibt es viele. Sie sind allesamt dazu angetan, den Nachwuchs auf den richtigen Weg zu führen. Ihm möchte man klarmachen, dass sich Faulheit zwar zuweilen ganz gut anfühlen kann, sie aber zu nichts führt. Sie zahlt sich nicht aus. Man hat keinen Gewinn davon. Es gilt also: Früh krümmt sich, was ein Häkchen werden will. Und jetzt los!

Das ist allerdings heutzutage keine besonders beliebte oder moderne Grundhaltung, denn „chillen" und „Wellness" stehen auf dem Wunschzettel. Manche sprechen von

„Work-Life-Balance". Aber es bleibt dabei. Es ist das universelle Gesetz von Ursache und Wirkung. Es gibt nichts Gutes, außer man tut es. Alles andere ist nix.

DAT IS DOCH ALLES POPPELÄPSCHER KROM

Der Rheinländer an sich liebt das Handfeste. Er legt Wert auf Qualität und Haltbarkeit. Er weiß, gerade im Handwerksbereich lohnt es sich nicht zu sparen. Wer damit sogar seinen Unterhalt verdient, kann das bestätigen. Auch den begabten Heimwerker muss man nicht lange überzeugen: Das billige Werkzeug ist das teuerste. Denn es geht schnell zu Bruch. Und es kann meistens nicht, was es können sollte.

Das zeigt sich auch in der rheinischen Redensart: „Dat is doch alles poppeläpscher Krom." Die sinngemäße Übersetzung ins Hochdeutsche würde vielleicht lauten: „Das ist doch alles puppenweicher Spielkram." Der Sprachwissenschaftler Peter Honnen vom Landschaftsverband Rheinland liefert in seinem Herkunftswörterbuch der Umgangssprache den Hinweis, dass „läpsch" ein äußerst vielseitiges

Wort ist. Es kann auf unser Beispiel bezogen heißen: „labberig", „kraftlos", „übermäßig weich". Rein sprachlich weist das auf die Verbindung zum „Lappen" hin. Und tatsächlich entspricht es der Kindheitserinnerung unserer Mundartsprecherin, die den Satz immer hörte, wenn es darum ging, dass etwas nicht hochwertig ist und schnell kaputtgeht.

Man könnte meinen, der Satz passe ganz besonders gut in die heutige Zeit, wo vieles aus billigem Plastik gemacht ist und schon auseinanderfällt, wenn man es nur ansieht. Früher sprach man gern anerkennend von Wertarbeit, die auch etwas kosten durfte. Heute kauft man sich auf die Schnelle etwas im Ein-Euro-Laden und wundert sich auch nicht, wenn dessen Haltbarkeit nicht sehr ausgeprägt ist. Oder das Beispiel Kleidung: War es in früheren Tagen üblich, einen Anzug zu kaufen, der möglichst ein Leben lang hielt, ist inzwischen vieles darauf angelegt, nur noch maximal eine Sommersaison benutzt zu werden. Da scheint man sich arrangiert zu haben mit Kram, der bestenfalls zum Einsatz in der Puppenstube taugt, aber nicht zur Verwendung im richtigen Leben unter realen Alltagsbedingungen. Da haben wir mal eine Redewendung identifiziert, die zwar alt, aber doch sehr haltbar ist. Insofern ist sie selbst alles andere als poppeläpscher Krom.

DAT ES NE JAUHJITSCHER

Manche rheinische Redensart ist als Warnung gemeint.
Sie richtet sich an den Nachwuchs oder noch unbedarfte
Mitmenschen. Und sie soll aufklären über mit Vorsicht
zu genießende Zeitgenossen. So ist es auch mit: „Dat es
ne Jauhjitscher." Vorgeschlagen hat uns das der allseits
bekannte Reimredner Willi Armbröster, der vielen noch
als der rheinische Wilhelm Busch bekannt ist. Und er
liefert auch gleich die Übersetzung: „Der Satz bezeichnet
einen Betrüger oder Schwindler." Und Mundartfachmann
Herbert Weffer ergänzt in seinem Bönnsch-Lexikon die
Bedeutungen „Ausnutzer" und „Trübfischer". Nun muss
man wissen, dass man in den Anfangstagen der Psych-
iatrie versucht hat, eine etwaige kriminelle Abart eines
Menschen am Aussehen festzumachen. Da wurde die
Form der Augen, der Nase und des Mundes beschrieben.
Die Ausprägung dessen in Zahlen gefasst. Und von da
aus rückgeschlossen auf den Grad der Anfälligkeit, sich
kriminell zu verhalten. Man definierte bestimmte Typen
des Aussehens, die bestimmten Deliktgruppen zugeordnet
wurden.

Heute sind wir schlauer und es ist sprichwörtlich, dass
man Menschen nicht nach ihrem Äußeren beurteilen soll.
Denn keiner hat sich selbst gemacht. Der liebe Gott hat
sein Bestes gegeben. Dessen scheinen sich die Rheinländer
schon immer bewusst gewesen zu sein, denn andernfalls
hätte man ja nicht vor einem Jauhjitscher, also Betrüger,

warnen müssen. Da man ihm den Wesenszug tatsächlich nicht ansieht, ist ein warnendes Wort geboten, um die Mitwelt vor bösen Überraschungen zu bewahren. So weit, so klar.

Jetzt bleibt nur die Frage, was der Begriff denn wörtlich bedeutet. Wir werden fündig im Weffer-Wörterbuch. „Jauh" bedeutet demnach „schnell" und „flink". Das ist wohl die Eigenschaft, die ein Betrüger haben muss, um sich blitzschnell einen Vorteil zu verschaffen und dann erfolgreich das Weite zu suchen. „Jitsche" kann sowohl „biegsamer Stock" bedeuten als auch „Spritzer". Wie auch immer man es übersetzt, es handelt sich um ein Ding, das nicht gut zu fassen ist. Das Kompositum der beiden Begriffe weist auf Geschwindigkeit und Wendigkeit hin. Beides Eigenschaften, die dem Schwindler nützlich sind.

DÄ MÄÄT MISCH PORÖS

Die Bibel, das Buch der Bücher, ist voller Gleichnisse. Dem Gottessohn werden besonders viele dieser rhetorischen Mittel zugeschrieben. Das Gleichnis vom verlorenen Sohn, vom Weinberg, vom reichen Kornbauern und vom Licht unter dem Scheffel. Das sind nur Beispiele. Und noch

heute raten Redenberater ihren Klienten, in Vorträgen Beispiele, Vergleiche und Gleichnisse zu benutzen, um die Botschaft möglichst bildlich zu transportieren.

So ein Fall liegt auch bei unserer Redensart vor: „Dä määt misch porös." Ins Hochdeutsche übersetzt heißt das: „Der macht mich porös." Die Formulierung hat ohne Zweifel ihren Witz. Allerdings: Witze erklären oder analysieren zu wollen, war schon immer ein undankbares Unterfangen. Doch wir lassen uns von diesem Gedanken nicht abschrecken und wollen es einmal ganz behutsam versuchen. Zunächst einmal klingt der Satz nach einem Stoßgebet. Man hat gleich, na ja, vielleicht ein weibliches Wesen vor Augen, das über seinen Lebensgefährten stöhnt. Männer können ja so kompliziert sein, oder einfältig!? In jedem Fall ist da ein Mensch, der über einen anderen Menschen stöhnt.

Und dann geht es um die ganz konkrete Bedeutung des Satzes. Das Adjektiv porös stammt unter anderem aus den Anwendungsbereichen der Baubranche und der Geologie. Es beschreibt die Beschaffenheit eines wie auch immer gearteten Steines oder Brockens. Wenn der porös ist, mangelt es ihm an Festigkeit, er neigt zum Bröckeln und ist drauf und dran, seine Form oder, noch besser, seine Fassung zu verlieren. Das Schöne an diesem Gleichnis ist, dass man sofort vor Augen hat, was los ist. Da ist ein Stein mit kleinen Löchern. Er ist instabil, saugt Wasser auf, wo er es nicht soll. Kurz: Er ist nicht so, wie er sein müsste.

Und damit sind wir schon beim übertragenen Sinn angelangt. Der Sprecher droht also offenbar die Nerven zu verlieren wegen des Fehlverhaltens seines Gegenübers. Ein Glück, dass das Ganze im Rheinland gesprochen wird, denn dann darf man davon ausgehen, dass es mit einem Augenzwinkern und nicht ganz so ernst gemeint ist, wie man vielleicht anderswo glauben könnte.

ME WEESS, WATT ME HÄTT, EVVE NET, WATT ME KRITT

Die Regeln zur Lebensführung unter den rheinischen Redensarten würden Bände füllen, wenn sie denn alle aufgezeichnet worden wären. Aber daran kann man ja arbeiten. Eine der schönsten ist der Satz: „Me weeß, watt me hätt, evve net, watt me kritt." Die Übersetzung ins Hochdeutsche dürfte für den zugereisten Imi nicht das Problem sein. Es ist behände verständlich: „Man weiß, was man hat, aber nicht, was man bekommt." Der Satz hat sich sogar inzwischen in den allgemeinen Sprachgebrauch eingeschlichen. Dass er ursprünglich aus dem rheinischen Dialekt stammen muss, legt schon der Reim nahe, der im Hochdeutschen nur unvollständig nachgezeichnet wird. Tatsächlich ist das ein Satz, den man gerne seinem Kind mitgibt, lieber mit dem Wenigen auszukommen, das man besitzt, als auf mehr zu spekulieren und dann womöglich am Ende ohne alles dazustehen. Verspekulieren wäre da das Signalwort. Sinngemäß gibt es da eine ganze Handvoll ähnlich gemeinter Sätze: Lieber den Spatz in der Hand als die Taube auf dem Dach. Und schon der erste Bundeskanzler, Konrad Adenauer, wird aus dem Bundestagswahlkampf gerne mit dem Satz zitiert: „Keine Experimente!"

Es war die Zeit, als man sich nach Stabilität und Sicherheit sehnte und Angst vor allzu großen Veränderungen hatte. Mit einem Wort: Man war nach den ganzen Unbilden der Kriegszeiten nicht sehr abenteuerlustig gestimmt. Und das war sicher auch verständlich. Deshalb konnte man etwa für das Waschmittel Persil werben mit dem Satz: „Da weiß man, was man hat!" Solche Weisheiten – oder sollte man sagen: Weißheiten? – waren allerdings nicht auf den europäischen Kontinent beschränkt. Der Hollywoodfilm „Forrest Gump", der die amerikanische Geschichte seit den frühen Fünfzigerjahren nachzeichnet, enthält den mütterlichen Rat: „Das Leben ist wie eine Schachtel Pralinen, man weiß nie, was man kriegt." Und sucht man im Englischen, dann findet man auch dort eine Redewendung mit geradezu rheinischer Intention: „Better the devil you know than the devil you don't."

Dass das Leben stets eine Herausforderung auf eigene Gefahr darstellt, das seine Chancen nur entfaltet, wenn man

mit ein bisschen Mut und Leidenschaft herangeht, wird da nicht unbedingt klar. Dessen sollte sich der Rheinländer aber auf alle Fälle bewusst sein. Denn: „Et hätt noch immer joot jejange." Schließlich hat dies das Rheinische Grundgesetz für Recht erkannt.

ON? – MOSS! EMME WIGGE!

Der Rheinländer ist Weltmeister im Abkürzen. Er ist ein Virtuose der Skizze. Den Höhepunkt der sprachlichen Verknappung nehmen wir uns in der rheinischen Redewendung vor: „On? – Moss! Emme wigge!" Genau genommen ist das gar keine Redensart, sondern ein ganzer Dialog. Er kann in sich abgeschlossen sein und erfordert im Zweifel kein einziges weiteres Wort.

Übersetzt ins Hochdeutsche klingt das so: „Und? – Muss! Immer weiter!" Freilich ist das Ganze ein bisschen aus dem Zusammenhang gerissen. Und man muss den Versuchsaufbau kennen, um zu ergründen, worüber da gesprochen wird. Die Situation, in der dieses kürzeste aller kurzen Gespräche vorkommen kann, könnte also folgendermaßen sein: Zwei Bekannte treffen sich beim Bäcker. Der eine fragt: „Und?", der andere antwortet: „Muss! Immer weiter!" Wenn die beiden – offenbar gut miteinander vertrauten – Gesprächspartner ein bisschen detailverliebter wären, dann könnten sie das Ganze noch ein bisschen ausschmücken. Dann lautete der Dialog vielleicht so: „Und, wie geht es dir?" – „Nicht so gut, aber es muss ja immer weitergehen!"

Zugegeben, das klingt aufs erste Hinhören ein bisschen negativ, ja deprimiert, ist aber keineswegs so gemeint. Denn es handelt sich genau genommen um ein Gespräch völlig ohne Inhalt. Der bedeutende Sprachphilosoph Ludwig Wittgenstein hat solcherart Dialoge schon vor 100 Jahren als „Sprachspiel" entlarvt. Das bedeutet: Die Menschen wenden solche Floskeln im Alltag an, ohne damit einen tieferen Sinn zu verbinden, als ganz ungezwungen miteinander ins Gespräch zu kommen und selbiges schon bald ohne größeren Gesichtsverlust zu beenden. Genau so wie die Begrüßungsformel: „Wie geht's?" – „Gut!" An dieser Stelle erwartet niemand, dass das befragte Gegenüber in Tränen ausbricht und von schrecklichen Erlebnissen oder seiner unerträglichen Lebenssituation berichtet. Das will tatsächlich in diesem Moment niemand wissen, denn wie schlimm es auch kommt, der Rheinländer weiß: Im Leben geht's „immer weiter".

WÄE NET WELL, DÄE HÄTT ADD

Die rheinischen Erziehungswissenschaften haben zahlreiche Redewendungen hervorgebracht. So etwa: „Wäe net well, däe hätt add." Diese Erkenntnis hat sich inzwischen sogar über den rheinischen Binnenkontinent hinaus verbreitet und müsste übersetzt werden mit: „Wer nicht will, der hat schon!" Das ist natürlich nicht streng wörtlich zu verstehen, denn offenbar hatte jemand Bedarf und Interesse an einem bestimmten Produkt oder für einen Gegenstand signalisiert und dann im letzten Moment doch noch einen Rückzieher gemacht.

Die Anwendungsbereiche des Satzes sind grundsätzlich weit gefächert. Es kann sein, dass sich jemand in einem Geschäft ein Kleidungsstück ansieht, es ausführlich befingert und intensiv prüft und es dann doch hängen lässt. Oder, und das passiert sicher noch häufiger, das Kind kommt zum Mittagstisch, offensichtlich mit großem Hunger, schiebt aber den Teller zurück, sobald es sieht, was es gibt. Der Hunger ist zwar da, aber der Appetit hat sich urplötzlich aus dem Staub gemacht. Vielleicht war nur Quer-durch-den-Garten im Angebot und nicht Spaghetti Bolognese. In dem Fall ist das Bedürfnis zwar weiterhin vorhanden, aber die Lust fehlt. Deshalb ist es streng genommen falsch zu sagen, derjenige „habe schon". Aber er verhält sich so, als habe er schon. Das ist ganz klar ein Unterschied.

Wenn es ums Essen geht, dann wird gerne ein weiterer Satz nachgeschoben: „Do bess ävve verschnupp." Im kölnischen Wörterbuch von Adam Wrede wird das übersetzt mit „wählerisch im Essen sein". Beide Wendungen gehören mit Blick auf den häuslichen Frieden zum Themensektor: „Es wird gegessen, was auf den Tisch kommt." Offenbar ist es eine anthropologische Konstante, dass Eltern damit zu kämpfen haben, dass die lieben Kleinen nicht alles essen wollen, was in dampfenden Schüsseln vor ihnen steht. Daraus hat sich heute die Sitte entwickelt, dem Nachwuchs „eine Extrawurst zu braten", obwohl es andernfalls wohl irgendwann der „Hunger reintreiben würde".

DATT ES ENE KOMMODEHELLIJE

Im katholischen Rheinland sind jedwede kirchlich inspirierte Mahnungen zuhause. Der Katholizismus ist hier eine Querschnittthematik. Deshalb darf man erstens eine gut in kirchlichen Angelegenheiten gebildete Bürgerschaft voraussetzen. Und zweitens ist das Repertoire an Metaphern aus dem kirchlichen Umfeld sehr groß. Ein schönes Beispiel ist die rheinische Redensart: „Datt es ene Kommodehellije."

Ins Hochdeutsche ist das schnell übertragen: „Das ist ein Kommodenheiliger."

So weit kein Problem. Aber was ist ein Kommodenheiliger? Um dem als Außenstehender auf die Spur zu kommen, muss man einen Blick ins traditionelle bäuerliche Haus werfen. Da gibt es neben den üblichen Requisiten das Kreuz über der Tür, hinter dem ein Palmzweig klemmt. Der stammt zwar selten von einer echten Palme, sondern ist wegen der Beschaffungsoptionalität meist vom Buchsbaum gewonnen. Es ist der „Palmzweig des kleinen Mannes", wie es der Brauchtumsexperte Manfred Becker-Huberti formuliert. Meist nicht weit davon entfernt steht der Hausaltar. Nicht selten eine umfunktionierte Kommode, auf der eine Kerze, ein Ikonenbild oder eine Heiligenfigur steht. Letztere ist der/die genannte Kommodenheilige. Nimmt man es genau, ist das also nicht einfach nur ein Heiliger, sondern ein besonders exponiert aufgestellter Heiliger. Er steht erhöht auf dem Möbelstück und ist dadurch ein besonderer Blickfang. Kurz: Er ist etwas ganz Besonderes.

Und dieses Attribut überträgt sich im Umkehrschluss, in übergeordnetem Sinne, auf den so Bezeichneten. Der Zeitgenosse, den man einen Kommodehellije nennt, der hält sich selbst für etwas Besonderes. Mancher sagt, er ist ein sonderbarer Mensch. Um es noch spezieller zu beschreiben: Er zeichnet sich durch eine besondere, vielleicht sogar übertriebene Frömmigkeit aus. Ausgerechnet das macht im Rheinland misstrauisch, denn man versucht zwar einerseits, die göttlichen Gebote einzuhalten, aber man möchte

es auch nicht übertreiben. Diese Grundhaltung ist sicher auf die Bibelfestigkeit des Rheinländers zurückzuführen, der weiß, dass der Pharisäer, der die geistlichen Gesetze besonders streng eingehalten hat, nicht die ungeteilte Zustimmung Jesu erhielt. Denn diese Religionsrichtung galt nicht nur als besonders gesetzestreu, sondern auch als selbstgerecht und heuchlerisch. Und das sollte man auch wiederum vermeiden. Die Jugend von heute würde dazu wahrscheinlich sagen: „Alter, chill mal die Basis."

WER SICH ÄRJERT ÜWWE MICH UN DE MING, DER SOLL NO HUUS JON UN BELUUR SICH DE SING

Rheinische Redensarten sind erfahrungsgemäß lang oder kurz. Und das ist keine triviale Aussage! Beide Formen haben so ihren eigenen Charme. Diesmal gehen wir mit der bisher umfangreichsten an den Start. Dennoch: Sie ist sprachlich so dicht, dass sie an keiner Stelle gekürzt werden kann. „Wer sich ärjert üwwe mich un de ming, der soll no Huus jon un beluur sich de sing." Die hochdeutsche Übersetzung lautet: „Wer sich ärgert über mich und die Meinen, der soll nach Hause gehen und sich die Seinen ansehen."

Leserin Marga Schulte hat ihn uns aufgeschrieben mit dem Hinweis, dass sie ihn erst neulich zum ersten Mal gehört hat und ihn sehr gehaltvoll findet. Da ist was dran. Schließlich beschreibt er grundlegende Dispositionen des menschlichen Miteinanders. Diese Erfahrung haben sicher die meisten schon gemacht. Bei anrollenden Konflikten zwischen zwei Menschen ist die Perspektive entscheidend. Bin ich der Handelnde, oder bin ich der Erleidende? Wechseln diese Rollen schon mal zwischen den beiden Kontrahenten? Kommt es vor, dass ich auch schon mal das tue, was das Gegenüber jetzt tut, über das ich mich so ärgere? Wer ehrlich mit sich selbst ist, wird eingestehen: Nicht selten steigt der Puls bei Handlungen eines Mitmenschen, die man selbst auch im Repertoire hat. Dass es sich hier um eine grundsätzliche menschliche Frage handelt, findet seine Erdung auch in der Bibel. Im Neuen Testament, Matthäus 7,3, heißt es: „Was siehest du aber den Splitter in deines Bruders Auge und wirst nicht gewahr des Balkens in deinem Auge?"

In den allgemeinen Sprachgebrauch ist der Satz eingewandert: „Wenn zwei das Gleiche machen, ist es immer noch nicht dasselbe." Er beschreibt eine ähnliche Situation. Es ist die Geschichte von Gleichbehandlung und Gerechtigkeit. Von der Frage nach unterschiedlicher ge

sellschaftlicher Stellung und von unterschiedlicher Wahrnehmung. Warum ist man nur so schwer in der Lage, eine Situation einigermaßen objektiv zu beurteilen, ja sich in den anderen Menschen hineinzuversetzen? Oder ihn einfach tolerant gewähren zu lassen, ganz nach dem Motto: „Lävve on lävve losse".

MAACH MER NET DIE PLÄÄT JECK

Die Fähigkeit zur Selbstironie ist dem Rheinländer angeboren. Jedenfalls den meisten. Das ist eine Eigenschaft, die jeder kritischen Situation die Brisanz nehmen kann. Man nimmt sich selbst nicht so ernst und kann augenzwinkernd über sich selber lachen.

Ein Beispiel dafür ist der Satz: „Maach mer net die Pläät jeck." Die wörtliche Übersetzung ins Hochdeutsche lautet: „Mach mir nicht die Glatze durcheinander." Auch wenn es ein ungeschriebenes Gesetz gibt, dass man Witze im Allgemeinen und Pointen im Speziellen niemals erklären sollte, kann eine Mikroanalyse sinnvoll sein: Wer diese Redewendung benutzt, der erniedrigt sich schon rein sprachlich vom Subjekt zum Objekt. Denn wenn ein Außenstehender in der Lage ist, mir meine Glatze durcheinander zu machen, dann reduziere ich mich auf die passive Zuschauerposition. Dann bin ich dem Gegenüber auf Gedeih und Verderb ausgeliefert und nicht in der Lage, mich zu wehren. Außerdem ist in diesem Sprachbild der rheinische Hang zu logischen Widersprüchen wirksam. Denn die Glatze lässt sich mangels Haaren eigentlich gar nicht durcheinanderbringen. Natürlich ist der Satz im übergeordneten Sinne gemeint. Die Glatze steht für Kopf und der wiederum für Gehirn. Der Satz zielt auf die Gedanken, die hier durcheinandergebracht werden.

Und schon sind wir wieder am Anfang unserer Analyse. Der Rheinländer gibt sich wehrlos, was die Ordnung der eigenen Gedanken angeht. Und das ist durchaus bemerkenswert. Denn wir sprechen ja hier von einer ganz normalen Alltagssituation und nicht von einer Gehirnwäsche. Welchen Schluss lässt das für die allgemeine Seelenlage unserer Mitmenschen zu? Der Rheinländer im Allgemeinen fürchtet sich, allzu beeinflussbar zu sein. Vielleicht hat er mal die Erfahrung gemacht, dass ihm eine Situation über den Kopf gewachsen ist. Und dann wird sogar die Glatze verrückt.

LÄVVE ON LÄVVE LOSSE

Die Toleranz der Rheinländer ist sprichwörtlich, deshalb geht dem Zeitgenossen, der hier verwurzelt ist, diese Redensart ganz leicht von den Lippen: „Lävve on lävve losse." Auch für Zugezogene dürfte das sprachlich überhaupt kein Problem darstellen. Es bedeutet übersetzt: „Leben und leben lassen.".

Im übertragenen Sinne ist das der Freibrief an den geneigten Mitmenschen, so leben und agieren zu dürfen, wie er selbst es möchte, auch wenn seine Lebensweise von der des anderen abweicht. In Variationen kommt diese Aussage immer wieder im Rheinischen vor, etwa in „Jeck loss Jeck elans" (Ein Jeck lässt den anderen Jeck vorbei). Nun könnte man meinen, „Leben und leben lassen" sei auch im Rheinland erfunden worden und habe von hier aus den Siegeszug in den allgemeinen deutschen Sprachgebrauch gestartet. Leider ist es diesmal genau anders herum. Aber auch hier liegt dies im Kern daran, dass das Rheinland im Laufe der Geschichte oft Besuch und Besatz von anderen Völkern und Gruppierungen hatte. So etwa von den Preußen, die hier eine ganze Zeit lang das Sagen hatten.

Und auf diesem Weg wurde auch das Werk Friedrich Schillers hierher getragen, der in seinem „Wallenstein" über den Feldherrn Tilly sagt: „Dem eigenen Körper war er strenge, dem Soldaten ließ er vieles passieren, und ging's nur nicht aus seiner Kassen, sein Spruch war: leben und leben lassen." Das entsprach ja genau dem Leitspruch des Preußenkönigs Friedrichs des Großen, jeder möge nach seiner eigenen Façon glücklich werden. Da stellt sich natürlich die Frage, ob die Rheinländer ihren vielgepriesenen Wesenszug der Toleranz nicht vielleicht sogar den

Preußen zu verdanken haben. Etwa so, wie ja auch die karnevalistischen Uniformen einen Anklang an das preußische Militär darstellen. Schließlich war das Rheinland von 1822 bis 1945 die Rheinprovinz von Preußen. Da kann es doch sein, dass die Besatzer nicht nur den Ordnungssinn hierließen.

PUFFPAAFDICH WOR ET FLÖCK SPÄÄT

Es wäre falsch zu behaupten, dass der vorliegende Satz eine allgemein bekannte rheinische Redewendung ist. Das ist er nicht, aber vielleicht kann das ja noch werden. Er ist aber ein schönes Beispiel dafür, dass die rheinischen Sinnsprüche quasi auf der Straße entstehen. Und oft ist das die Geburtsstunde einer neuen Redensart. Wenn sie denn die entscheidenden Merkmale aufweist.

Das kann zum Beispiel eine wahrnehmbare logische Unwucht sein, wie sie dem Dialekt gerne eigen ist. So auch bei: „Puffpaafdich wor et flöck späät." Ins Hochdeutsche übersetzt heißt das: „Plötzlich wurde es schnell spät."

Wir steigen schon mal ein mit dem Wort Puffpaafdich, das lautmalerisch etwas über seine Aussage verrät. Der eigentliche Witz des Satzes ist aber, dass ja im Allgemeinen die Vorstellung besteht, die Zeit sei ein langsam und stetig fließender Fluss. Es passt nicht recht ins Bild, dass sie ganz plötzlich Fahrt aufnehmen und beschleunigen kann, bis es urplötzlich zu spät ist. Am besten kann man das vielleicht am letzten WM-Spiel 2018 der Fußballnationalmannschaft gegen Südkorea verdeutlichen. Da war auch lange Zeit noch viel Zeit übrig, und plötzlich wurde es schnell spät und hopplahopp sogar zu spät. Die Trauer ist noch da. Aber daran sieht man deutlich, dass die Zeit

langsam oder schnell fließen kann und manchmal sogar ganz schnell verfliegt.

Wer das als Erstes erkannte, war der Kirchenvater Augustinus. Er formulierte schon eine Ahnung vom Zeitparadoxon. Denn wir erleben emotional erfüllte Zeit als sehr schnell vergehend, in der Erinnerung erscheint sie uns dann aber als sehr lang. Andersherum vergeht Zeit während einer Phase der Langeweile sehr sehr langsam. Im Rückblick ist sie aber verschwindend kurz.

Und dieses Wissen scheint auch die Dialektsprecherin zu haben, die uns den folgenden Satz bescherte. Sie ist allerdings keineswegs Sprachwissenschaftlerin, sondern verdient ihren Unterhalt als Reinigungsfachkraft. Vielleicht gerade deshalb verfügt sie aber über eine fundierte Alltagsweisheit. Sie kreierte auch den Satz: „Do wohr de Schwangerschaff no net esu akut!" Nach medizinischen Maßstäben ist man schwanger oder nicht. Der Begriff „akut" ist da keine Kategorie. Aber natürlich weiß jeder Zuhörer, was gemeint ist. Hier wird der Unterschied zwischen den ersten drei Monaten und dem Rest gemacht. Und auch da kann es – je nachdem – plötzlich schnell spät werden.

DO HAMME DE RÄÄN

Je nach Wetterlage und Gemütsverfassung kann der Rheinländer auch weinerlich sein. Sehr sogar. So humorvoll er auch sonst sein mag, welch einnehmendes Wesen er auch im Allgemeinen besitzt, wenn er den Blues schiebt, kann das anstrengend werden. Denn eines ist ihm garantiert nicht eigen, nämlich still in der Ecke zu sitzen und in sich hineinzujammern. Wenn sich schon ein Gefühl Bahn bricht, dann soll es auch jeder wissen.

Für solche Zwecke gibt es verschiedene gut erprobte Redensarten. Eine der bekanntesten ist: „Do hamme de Rään." Zu gut Hochdeutsch: „Da haben wir den Regen." Das ist dann eine Interpretation des Alltagsgeschehens, wie sie jedermann auf Anhieb versteht. Und sie ist auch vielfältig einsetzbar. Denn Regen ist allgemein bei uns gesellschaftlich nicht gut angesehen. Auch wenn beispielsweise Bonn als besonders warm und regnerisch gilt, so dass hier Pflanzen wachsen, die sich auch in den Tropen wohlfühlen – in den Vorgärten der Südstadt sieht man Farne wachsen. Unter Studenten der Rheinischen Friedrich-Wilhelms-Universität gilt zudem der Satz „Entweder es regnet, oder die Schranken sind runter" als gottgegebene Entität.

Man könnte also meinen, man habe sich arrangiert oder wenigstens abgefunden, erfreut ist man über den Regen aber keineswegs. Da hilft es auch nicht, dass der Bauer ihn braucht.

Und so kann man den Satz überall dort einsetzen, wo etwas schiefgeht. Ist ein Gerät kaputt, das man gerade dringend braucht!? „Do hamme de Rään." Kriegt die Oma vom Hausarzt ein Rezept für einen Rollator, obwohl sie den gar nicht will? „Do hamme de Rään." Steigt der heiß geliebte 1. Fußballclub Köln ab, obgleich er eigentlich Ambitionen auf die europäischen Wettbewerbe hatte? „Do hamme de Rään." Es gibt gar nichts, das irgendwie danebengehen kann, das nicht auf diese Weise kommentiert werden könnte. Und wenn man vom Rheinland aus auf die große Weltpolitik blickt, könnte man den Satz geradezu täglich einsetzen.

ET ESS ESU DRÜSCH

Es gibt rheinische Begriffe, die für sich genommen schon ein sprachliches Großereignis sind. Und das gehört dann ausführlich beleuchtet. Wenn es dann noch in einer Redensart veredelt wird, dann gibt es kein Entkommen mehr. Ein solcher Fall liegt hier vor. „Et ess esu drüsch" klingt absolut spektakulär. Übersetzt man es ins Hochdeutsche, verliert es allerdings seine Attraktion: „Es ist so trocken." Woran kann man diesen Spannungsverfall während des Übersetzungsvorgangs festmachen? Das Wort

„drüsch" ist die Kernbotschaft, und die ist in diesem Fall so lautmalerisch, dass man gar nicht genau wissen muss, was es bedeutet, um zu verstehen, worum es geht.

Es ist nicht einfach nur Trockenheit gemeint. Nein, es geht um eine totale, nachhaltige, absolute Trockenheit, die kein Wasserstoffmolekül mehr enthält. Wenn es „drüsch" ist, dann handelt es sich um eine potenzierte Trockenheit, die schon einer Dürre nahekommt.

Und diese Wetterlage hatten wir gerade jetzt, im Sommer 2019. Am Siebenschläfertag war es nahezu 30 Grad heiß und wolkenlos sonnig. Und seitdem hat sich diese meteorologische Disposition treu gehalten. Inzwischen schlagen die Bauern Alarm. Das Korn verdorrt am Stängel, die Früchte auf dem Feld. Nur der Wein hat momentan noch keine Probleme, weil er tief in der Erde wurzelt. Und dort ist momentan noch eine Restfeuchte vorhanden. Zusammenfassend kann man also aktuell sagen: Es ist echt „drüsch".

Natürlich gibt es auch Nebenbedeutungen zur physikalischen Trockenheit. Etwa in Bezug auf den Wein. Herkömmlicherweise nennt man einen kaum zuckerhaltigen Tropfen trocken. Wenn er aber „drüsch" ist, da zieht es einem gewissermaßen Gaumen und Zunge zusammen. Ähnlich verhält es sich, wenn man von „trockenem Humor" spricht. Dann haben wir jemanden vor uns, der durch keine mimische oder theatralische Äußerung zu erkennen gibt, dass er es nicht ganz ernst meint mit dem,

was er sagt. Umso explosiver kann dann die Lachsalve los-
legen, wenn der Witz einmal erkannt ist.

Das absolute Gegenteil von „drüsch" im Themenfeld Wet-
terbeobachtung ist übrigens „usselich". Wenn das Wort
eingesetzt wird, dann ist es draußen so nass und kühl,
dass die Feuchtigkeit praktisch in jede Ritze kriecht und
man sich mit Gänsehaut schütteln möchte. Dann ist es
doch besser „drüsch". Oder?

WÄE KEEN HÖHNE HÄTT, DEM WÄÄDE OCH KEEN ÖVVEFAHRE

Der Rheinländer an sich empfiehlt seinem Mitmenschen
gerne eine Prise Bescheidenheit. Denn ihm ist das sub-
stanzlose Auftrumpfen zuwider. Es ist nicht seine Sache,
sich wichtigzutun. Nicht, dass er sich nicht auch mal in
die Brust werfen und feststellen könnte: Hier bin ich, hier
war ich, hier bleibe ich. Aber immer nur, wenn er sich
dazu qua Herkunft auch berechtigt fühlt.

Sein Ehrbegriff hat immer auch die Dimension der Bescheidenheit. Und das drückt sich unter anderem in der rheinischen Redewendung aus: „Wäe keen Höhne hätt, dem wääde och keen övvefahre." Begrifflich gibt es da für den Zugezogenen kaum Hürden.

Im Hochdeutschen heißt das in etwa: „Wer keine Hühner hat, dem wird auch keines überfahren." Bei Lichte besehen ist das der Appell, mit dem zufrieden zu sein, was man hat. Und wenn jemand das Gefühl hat, ihm mangele es an etwas, dann kann er sich damit trösten, dass er das, was er nicht besitzt, auch nicht verlieren kann.

Ja, ziehen wir den Zitateschatz der Welt zu Rate, kann es sogar noch schlimmer kommen, wenn man mit seinem überschaubaren Besitzstand hadert. „Oft verliert man das Gute, wenn man das Bessere sucht", sagte einst der italienische Dichter Pietro Metastasio. Sollte man also allzu großen Ehrgeiz an den Tag legen, um seine Güter zu vermehren, kann es sogar vorkommen, dass man hinter den bisherigen Stand zurückfällt.

Dieses uralte Wissen hat der Rheinländer so formuliert, dass es auch jeder versteht. Denn hinter dieser Redensart steckt ein tiefschürfendes menschliches Wissen: Alles und jedes hat seinen Preis. Wenn ich eine Medaille gewinne, bekomme ich die Kehrseite gratis dazu. So bleibt alles im Leben ein Abwägungsprozess, ob die Vor- oder Nachteile einer Sache überwiegen. Man könnte sagen, dass die Kernaussage in die Weisheit aus dem 4. Jahrhundert mündet: Reich ist nicht, wer viel hat, sondern wer wenig braucht.

SÄU SENN SÄU, OCH WENN SE MEM ZYLINDER EM BETT LIEJE

Viele rheinische Redensarten sind Lebensweisheiten, die man seinen Kindern mit auf den Weg geben kann, damit sie besser in der Welt zurechtkommen. Was da kommentiert wird, sind nicht immer typisch rheinische Verhaltensweisen, sondern eher allzu menschliche. Und wenn man eine besondere Antenne dafür hat, kann man sogar von tiefenpsychologischen Erkenntnissen sprechen.

So ist es etwa mit dem Satz: „Säu senn Säu, och wenn se mem Zylinder em Bett lieje." Auf gut Deutsch hieße das: „Schweine sind Schweine, auch wenn sie mit dem Zylinder im Bett liegen." Unser Leser Günter Bois hat uns auf den Satz aufmerksam gemacht, der in seiner Familie gerne eingesetzt wurde. „Etwa wenn jemand nicht weiß, wie man eine Toilette hinterlässt oder seinen Abfall im Grünen entsorgt", erklärt Bois.

Vornehm ausgedrückt, wird da beschrieben, dass der Mitmensch reichlich unerzogen unterwegs ist. Aber das ist noch längst nicht alles. Die Redensart lässt sogar eine noch tiefere Bedeutungsschicht erkennen. Denn im Kern sagt sie doch aus: „Du kannst machen, was du willst und dich so vornehm kleiden, dass du sogar übertriebener-

weise mit einer festlichen Kopfbedeckung ins Bett gehst, am Ende kannst du deine Herkunft und deine genetische Programmierung nicht verleugnen." Oder anders ausgedrückt: „Du kannst versuchen, dir ein vornehmes Verhalten anzutrainieren, wenn es hart auf hart kommt, wirst du genau das tun, was in deiner DNA festgeschrieben ist."

Das ist ein sehr kulturpessimistischer Befund, wenn sie den Menschen abspricht, sich zum Guten verändern zu

können. Parallele Spuren findet man schon in der Bibel, wo es in 1. Johannes 2 heißt: „An ihren Taten sollt ihr sie erkennen." Solche grundlegenden Formulierungen entspringen einer tiefen menschlichen Sehnsucht: in den Kopf des Gegenübers zu gucken und seine Gedanken und Motivationen lesen zu können. Dass dies unmöglich ist, ist das Fundament der Menschlichkeit.

MIR HANN ET NET VUM USS-JEWE, SONDERN VUM BEHALE

Diese Redensart, das muss ich schon sagen, ist eine meiner liebsten. Denn unter all den lebenskundigen Worten, die es im Rheinland so gibt, hat diese wahrlich einen bleibenden Wert. Der Satz „Mir hann et net vum ussjewe, sondern vum behale" ist in seiner Substanz unschlagbar.

Auf gut Hochdeutsch würde man sagen: „Wir haben es nicht vom Ausgeben, sondern vom Behalten." Da stellt sich zuerst einmal die Frage, was mit „Es" gemeint ist. Ganz einfach, sagt da der rheinische Landadel, der durch die sogenannte rheinische Fruchtfolge zu Vermögen gekommen ist: „Getreide – Rüben – Bauland". „Es" ist also das Geld, der Reichtum.

Und da ist es schon wichtig, wenn man darüber verfügt, dem Nachwuchs einen guten Rat mit auf den Lebensweg zu geben. Der Finanzfachmann würde vielleicht sagen: Man sollte die Substanz nicht anknabbern und nicht für laufende Ausgaben verwenden. Man kann Substanz in andere Substanz verwandeln, aber nicht verkonsumieren. So viel zum betriebswirtschaftlichen Aspekt des Ganzen.

Also wissen wir nun: Wer reich ist, gibt seinen Reichtum nicht aus, er behält, was er hat. Jetzt mag man einwenden: Aber wofür hat man „es" denn? Die Antwort ist ein-

fach: Damit man es hat. Denn wenn man es weggibt, hat man es nicht mehr. Der geneigte Leser mag nun einwenden: Wenn es mal so einfach wäre. Aber bleiben wir einfach mal bei diesem Lebensmotto, dann liegt es nahe, dass man dem Reichen seinen Reichtum nicht ansehen kann. Denn er hat ihn ja irgendwo unsichtbar in bleibenden Werten gebunkert. Und da tritt gleich ein zweiter Wert mit in die Argumentationskette, denn wer wirklich etwas besitzt, der hat es keinesfalls nötig, damit zu protzen. Der gibt sich bescheiden, streng nach dem Leitwort: mehr Sein als Schein.

Das ist sicher ein recht demokratischer Ansatz, denn der etwas ärmere Zeitgenosse muss sich dann in keiner Weise anstrengen, um beim großen Schaulaufen mitzuhalten. Und das Schöne an dem Satz ist, dass er selbst das beherzigt, was er verlangt: Sei sparsam! Das gilt auch für die wohlgesetzten Worte dieser Lebensweisheit.

DO BESS ÄVVER
NE BUBBELSBRODER

Wofür ist der Rheinländer bekannt? Für seine Zurück-
haltung? Seine Schüchternheit? Seine Verschwiegenheit?
Nein, das Gegenteil ist der Fall. Der Mensch rheinischer
Provenienz, das weiß man von den Alpen bis zur Nordsee,
ist gesellig und redselig. Man könnte hierzulande sagen:
Kommunikation ist alles. Davon handelt der Satz: „Do bess
ävver ne Bubbelsbroder." Um den Zugezogenen über die
erste Hürde zu helfen, übersetzen wir: „Du bist aber ein
Bubbelsbruder."

Was aber heißt in diesem Zusammenhang „bubbeln"? Der
große Kölner Sprachforscher Adam Wrede schreibt in
seinem Neuen kölnischen Sprachschatz von 1956: „bub-
bele: lautmalend 1. eifrig, schnell, viel, sprudelnd sprechen, geschwätzig sein." Und weiter: „Bubbel: 1. allgemein
Schwatz, Schwätzchen, Geschwätz." Man hört schon
heraus, dass die Sache mit dem Bubbeln nicht gerade gut
beleumundet ist, ja, es hat ein bisschen den Beigeschmack
des Sprechens ohne übermäßig tiefgängigen Inhalt. Da ist
es durchaus konsequent, dass die stimmungsaufhellende
Flüssigkeit namens Alkohol gerne Bubbelwasser genannt
wird.

Nun müssen wir an dieser Stelle ganz energisch das
Bubbeln rehabilitieren. Denn es gab Zeiten, da hat man

noch direkt miteinander gesprochen. Im Schankraum der Kneipe versammelten sich die Stammtische. Ob Postbote, Bauern, Polizisten oder Viehhändler. Da gab es kaum ein Tabuthema. Man hat sich ausgetauscht, wichtige Informationen in Umlauf gebracht und auch über Lokalnachrichten diskutiert. Wenn jemand etwas Falsches behauptete, konnte man es direkt richtigstellen, entweder mündlich oder handgreiflich. Ach, das waren schöne Zeiten, wenn man bedenkt, dass heute all das über die Handcomputermedien abgewickelt wird. Und jeder sitzt in seinem stillen Kämmerlein oder Örtchen und kommentiert

das Welt- und Dorfgeschehen, ohne sich verantworten zu müssen für Tonfall und Inhalt seiner Äußerungen. Und Tante Emma gibt es nicht mehr. Die „Bubbelsbröder" sind überall verschwunden! Überall? Nein, ein Dorf stellt sich dem Niedergang des Bubbelns entgegen. In Swisttal-Ollheim hat sich die Institution der „Bubbelsbröder" in Form der gleichnamigen Karnevalsgesellschaft erhalten. Dort treffen sich seit 38 Jahren alle, die nach alter Väter Sitte weiterhin direkt miteinander sprechen wollen. Ein echtes Vorbild!

ET KÜTT ZE PÄÄD
UN JEHT ZE FOOSS

Relativ selten ist der medizinische Sektor Gegenstand
von rheinischen Redensarten. Ja, man könnte fast den
Eindruck haben, der Dialektsprecher ist immun gegen
die körperlichen Unbilden. Ist ja auch gut denkbar. Das
gesunde Landleben könnte dafür ein Grund sein. Mit dem
vorliegenden Satz können wir allerdings schnell Abhilfe
schaffen.

„Et kütt ze Pääd un jeht ze Fooss" ist eine Formulierung,
die zunächst Fragezeichen setzt. Übersetzt ins Hochdeutsche bedeutet das: „Es kommt zu Pferd und geht zu Fuß."
Dieses Sprachbild, wie so oft aus dem ländlichen Umfeld
stammend, kann sicher vieles bedeuten. Da kommt also
etwas. Und zwar, wenn man die Fortbewegung per Pferd
und per pedes miteinander vergleicht, kommt es schnell
und geht langsam.

Betrachtet man die Aussage als Gleichnis, könnte da
manches infrage kommen. Ist es die Liebe? Die Schwan-
gerschaft? Oder das Gegenteil: Die Trauer? Vielleicht ein
Lottogewinn? Ein Verwandtenbesuch? Die Liste ließe sich
endlos fortsetzen. Tatsächlich wird die Redensart allerdings bei Krankheiten eingesetzt, die man sich schnell
einfängt, die aber eine längere Genesungsphase erfordern.
Der Lateiner würde sagen: langwierige Rekonvaleszenz.

Nehmen wir einmal die handelsübliche Erkältung – Husten, Schnupfen, Heiserkeit. Da kann man nach aktueller medizinischer Datenerhebung sagen: Sie kommt drei Tage und geht sechs Tage. Von der Infektion bis zu den ersten Krankheitsanzeichen dauert es meist nur 48 Stunden. Und man handelt sich eine Erkältung schnell ein, ist sie doch eine Virusinfektion, die vor allem in der kalten Jahreszeit regelrecht in der Luft liegt. Es gibt insgesamt 200 Virenarten, die eine Erkältung auslösen. Für fast die Hälfte der Fälle sind die Rhinoviren verantwortlich. Zuerst starten die Symptome mit Halsschmerzen, es folgt der Schnupfen, dann Kopf- und Gliederschmerzen. Ab Tag sechs zieht der trockene Reizhusten auf, der sich ab Tag acht in einen festsitzenden Husten verwandelt. Im Durchschnitt ist die Erkältung nach neun Tagen abgeklungen. Sie kam schnell per Pferd und ging langsam zu Fuß. Und der Rheinländer hatte dieses Wissen schon lange, auch ohne medizinische Untersuchung.

BESS NET ESU FIMMSCHICH

Das hier ist wirklich mal was ganz anderes. Die rheinische Redensart, mit der wir uns jetzt beschäftigen, hat eine ganz besondere Bedeutungsnuance. Und sie ist nicht gleich übersetzbar. Der Satz „Bess net esu fimmschich" wird im Rheinland gerne eingesetzt und „fimmschich" gilt als typisches Mundartwort. Oft benutzen es Eltern als Erziehungsmittel gegenüber ihren Kindern. In diesem Fall ist die treffendste Übersetzung: „Sei nicht so empfindlich."

Und das ist wirklich bemerkenswert, denn üblicherweise lässt der Rheinländer dem Mitmenschen so ziemlich alles durchgehen. Denn er ist ja aus Tradition tolerant. Jeder Jeck darf so jeck sein, wie er will. Er darf auch „kniestich" sein, also „geizig". Er darf sogar ein „Sackgeseech", also ein „ganz fieser Zeitgenosse" sein, und er bleibt trotzdem allgemein anerkannt und respektiert.

Eines aber sollte er keinesfalls sein: nämlich empfindlich, schwächlich, ängstlich, allzu zart. Denn dann steht zu erwarten, dass er mit den Härten des Lebens nicht klarkommen wird. Ja, er würde aller Voraussicht nach am Alltag zerbrechen. Dementsprechend ist der Vorwurf, „fimmschich" zu sein, schon ein äußerst wichtiger Ratschlag, wenn er früh im Leben erteilt wird, und eine echte Herabwürdigung, wenn er sich gegen einen ausgereiften Charakter richtet.

Erstaunlich ist die Herkunft des Wortes. Im Neuen kölnischen Sprachschatz von Adam Wrede wird es mit „angefault" und „übelriechend" übersetzt. Das war wohl auch die ursprüngliche Bedeutung. Allerdings hat Sprachwissenschaftler Peter Honnen in seinem druckfrischen Herkunftswörterbuch der Umgangssprache an Rhein und Ruhr „empfindlich" als eine Übersetzungsvariante destilliert. Laut ihm kann es in der Eifel auch bedeuten, dass man sich „Krankheiten einbildet". Diese Eigenschaft wird erstaunlicherweise gerne Männern zugeschrieben. Stichwort: unheilbarer, lebensbedrohlicher Männerschnupfen.

Im südlichen Rheinland kommt auch noch die Bedeutung „ängstlich" hinzu, wenn etwa jemand übermäßigen Respekt vor dem Hofhund des Nachbarn zeigt. Die Charakterisierung kann sich aber auch auf einen Gegenstand beziehen und dann „schwach gebaut" bedeuten. Ein fimmschijer Dachgepäckträger kann wackelig und wenig vertrauenerweckend daherkommen, so dass man sich nicht traut, selbst die leichtesten Gegenstände darauf zu befestigen. Eigentlich komisch, dass dieses Wort fast ausschließlich mit Entitäten der Männerwelt assoziiert wird.

UNS SPROCH ES HEIMAT

Es gibt Sätze, die passen wie die Faust aufs Auge, dass
einem die Spucke wegbleibt. Das gilt für das Sessions-
motto der Kölner Karnevalisten von 2019: „Uns Sproch es
Heimat", braucht man nicht zu übersetzen. Es bedeutet:
„Unsere Sprache ist Heimat." Dieser Satz ist – vor allem für
die Kölner – so evident und naheliegend, dass man sich
fragt, warum er nicht schon längst Karnevalsmotto war.
Ich sehe da eine Parallele zu einem Sketch der Stunksitzung. Einige Jahre nachdem die Stunksitzung als Gegenentwurf zum traditionellen Sitzungskarneval gestartet war
und immer wieder mal die Gepflogenheiten des bürokrati-
sierten Karnevals durch den Kakao gezogen hatte, dachten
sich die Protagonisten folgende Nummer aus: Sie spielten
eine Karnevalssitzung im Zeitraffer durch. Büttenredner
rennt zum Pult, zwei Sätze, wieder ab. Das Tanzcorps rast
auf die Bühne, Stippeföttchen, Alaaf, Alaaf, wieder runter.
Und so ging's noch weiter. Nach zehn Minuten war die
ganze Sitzung durch, und der Saal krümmte sich vor
Lachen. Und man wusste plötzlich: Das war eine punkt-
genaue Kritik am durchorganisierten Sitzungskarneval.
Pointierter ging es nicht. Blieb einzig die Frage: Warum
war man da nicht schon eher drauf gekommen?

Und so ist es auch mit dem Motto: „Uns Sproch es Heimat." Sprachwissenschaftler Georg Cornelissen vom
Landschaftsverband Rheinland sagt: „Das passt 100-pro-
zentig. Und es ist geradezu genial." Denn einerseits sei

der Heimatdiskurs gerade in Mode, und zum anderen beweisen die Kölner wieder einmal ihre Fähigkeit, sich und ihre Eigenheiten gekonnt aufzuwerten – heute würde man sagen: upzugraden. Denn, so der Sprachforscher, der Kölner Dialekt wurde vor 100 Jahren noch „Kölschplatt" und „Plattkölsch" genannt, später schlicht „Kölsch", und zuletzt war im Zusammenhang mit der Kölsch-Akademie die Rede von „uns kölsche Sproch".

Und jetzt gehen die Kölner noch einen Schritt weiter und nennen den Dialekt nur noch „uns Sproch". Dieses Upgrade sei in Art und Weise völlig unspektakulär, aber folgerichtig und schlüssig. Alle anderen Ortschaften und Städte haben auch einen eigenen und spezifischen Dialekt, aber die Charakterisierung „uns Sproch" schreibt sich allein der Kölner ganz unmissverständlich selbst zu. Denn die Sprache als Dialekt ist in der Domstadt substanzielles Merkmal der Identität. So sehr, dass das Wort „Kölsch" nun gar nicht mehr genannt werden muss.

SEDD ESU JOT UN DOOT DATT

Die Rheinländer lassen sich ganz grob in zwei Gruppen unterteilen. Da sind die Einen, die ihr Leben in die Hand nehmen und tun, was zu tun ist. Und da sind die Anderen, die lieber erst einmal abwarten, Tee trinken und gucken, was sich so entwickelt. Um diese unterschiedlichen Charaktertypen zu unterscheiden, hat man die Begriffe Praktiker und Theoretiker erfunden.

Und genau durch die Reibung zwischen diesen beiden Extremen ist unsere rheinische Redensart entstanden. „Sedd esu jot un doot datt" ist leichter Hand übersetzt ins hochdeutsche Idiom mit: „Seid so gut und tut das!" Grammatikalisch betrachtet, handelt es sich hier um einen Imperativ. Hier weist ein Mensch einen anderen an, etwas zu tun. Was genau, das ist aus diesem Satz nicht exakt herauszulesen.

Das hängt damit zusammen, dass der Satz stets am Ende einer längeren Absprache steht. In der Regel hat man darüber gesprochen, dass doch etwas sinnvollerweise zu tun wäre, und es ist auch die Frage gestellt worden, wer genau das nun tun soll. Meist kommt der redensartliche Satz dann zum Einsatz, wenn das Was und Wer schon mehrmals hin und her gewälzt wurde. Letztlich muss irgendwann eine Entscheidung her. Und dann sagt meist der Überlegene: „Seid so gut und tut das!"

Genau in diesem Moment wird die ganze Widersprüch-lichkeit des rheinischen Wesens offenbar. Denn es ist offenbar gerade der entschlossene Praktiker, der den un-entschlossenen Theoretiker anweist, etwas zu tun, mit der Folge, dass der Theoretiker praktisch tätig wird und der Praktiker im Theoretischen bleibt.

Schon im Mittelalter gab es die Unterscheidung der Vita activa und der Vita contemplativa, dem aktiven und pas-siven Leben. Wobei damit die körperlich von den geistig Tätigen unterschieden wurden. In der Bibel steht dazu im Jakobusbrief 1,22: „Seid aber Täter des Worts und nicht Hö-rer allein." Und Wolfgang von Goethe lässt den Mephisto in Faust sagen: „Vergebens dass Ihr ringsum wissenschaft-lich schweift, ein jeder lernt nur was er lernen kann, doch der den Augenblick ergreift, das ist der rechte Mann." Das ist der Beweis, dass der Rheinländer mit Know-how aus-gestattet ist, das sich als Weltwissen klassifizieren lässt.

ET JEIHT ÖM DISCH

Eine besondere Eigenart des rheinischen Miteinanders hatten wir an dieser Stelle noch nicht erwähnt. Obwohl sie sehr naheliegend und präsent ist: Der Rheinländer ist – ta-ta-taa – schlagfertig! Ja, wirklich. Er hat immer einen

81

munteren Spruch auf den Lippen und ist Weltmeister darin, einen anderen, ebenfalls schlagfertigen Rheinländer zu parieren. Und zwar geschieht das quasi wie das ostasiatische Schattenboxen. Tai Chi ist da der Schlüsselbegriff. Dahinter steht die keineswegs minder zu schätzende Philosophie der passiven Verteidigung. Man lässt den Kraftvektor des Angreifers einfach durchrauschen und hilft durch eine elegante, fast tänzerische Seitwärtsbewegung nach, damit sich der Aggressor selbst zu Fall bringt.

Was körperlich möglich ist, kann auch rhetorisch funktionieren. Und so einen Fall haben wir bei unserer rheinischen Redensart: „Et jeiht öm disch." Zu gut Hochdeutsch heißt das: „Es geht um dich!" Verständlich wird das erst, wenn man den vollständigen Dialog kennt. Ja, man könnte hier von einem Sprachspiel reden.

Die Situation ist immer wieder gerne genommen. Zwei Rheinländer begegnen sich und starten eine Konversation. Nun wissen wir, dass man hierzulande gerne Zeit und Energie spart und sich nicht unnötig weit aus dem Fenster lehnt. So kann es also gut sein, dass der erste der beiden fragt: „Un?" Was ja so viel bedeutet wie: „Und?" Als Sprachsachverständiger weiß man, dass es sich hier um eine offene Frage handelt. Im Gegensatz zur geschlossenen Frage, die man üblicherweise mit „Ja" oder „Nein" beantworten kann, erfordert deren Antwort mehr Aufwand und vor allem eine gewisse persönliche inhaltliche Öffnung. Wer sich diesem sozialen Zwang nicht aussetzen möchte, der antwortet mit unserer Redensart: „Es geht um dich!"

Und das ist tatsächlich ein geradezu genialer Schachzug, denn einerseits hat man kein bisschen von sich selbst preisgegeben und andererseits ist jetzt der andere am Zug. Ja, der hat sogar den Eindruck, dass ein gewisser Erklärungsbedarf bestehe, über Entwicklungen aus seinem Lebensumfeld zu berichten. Er sucht dann krampfhaft danach, ob sein Gegenüber wohl etwas Spezielles gemeint haben könnte. Ehe er sich versieht, ist er in der Defensive. Und kommt da nicht so schnell heraus. Das kann man mit Fug und Recht als höchste Kunst der Schlagfertigkeit bezeichnen.

NIX ES ESU SCHLÄCH, DAT ET NIT FÜR JET JOT ES!

Der Rheinländer kann recht genügsam sein. Klar, er hat auch zuweilen eine fordernde oder manchmal sogar quengelnde Art. Aber im Allgemeinen findet er sich doch schnell selbst mit den widrigsten Umständen ab und schließt recht bald Frieden mit den Unbilden der Verhältnisse. Ja, er hat sogar gelernt, auch schwierigen Situationen noch etwas abzugewinnen.

Darum geht es in unserer rheinischen Redensart: „Nix es esu schläch, dat et nit für jet jot es!" Der Satz ist leichter Hand ins Hochdeutsche übersetzt: „Nichts ist so schlecht, dass es nicht für etwas gut ist." Tatsächlich ist dies weit mehr als eine einfache Durchhalteparole. Es handelt sich vielmehr um eine ganz tiefe humanistische Erkenntnis, die den Menschen davor bewahren möchte, alles nach Schwarz-Weiß-Schema nach Gut und Böse zu trennen und dann das Böse fortzuwerfen. Vielmehr steht dahinter der Gedanke, jedem Ding wohne eine positive Kraft inne, die den Menschen weiterbringen kann. Worauf das hinausläuft? Am Ende wird alles gut. So gesehen hat der Spruch ein sehr katholisches Fundament. Es geht davon aus, dass sich das zeitbegrenzte irdische Leiden in ewig währende himmlische Seligkeit transformiert. Zugegeben, so knapp zusammengefasst ist das eine recht folkloristische Darstellung. Dennoch ist sie weit verbreitet.

Der Kölner Kabarettist Jürgen Becker formulierte einst den Satz, der liebe Gott habe etwas Unangenehmes geschickt, „zuerst als Warnung, dann als Mahnung und zuletzt als Bestrafung". Etwas Schlechtes kann also sogar gleich mehrere positive Funktionen haben. Übrigens hat unser Informant die Redensart aus einer Bad Münstereifeler Kneipe mitgebracht. Dort steht sie in großen Lettern an der Wand. Sie gilt übrigens als das Lebens- und Arbeitsmotto des Kölner Pfarrers Franz Meurer, der zuweilen als der „kölsche Franziskus" bezeichnet wird. Er macht gerne mit unkonventionellen Aktionen auf Missstände aufmerksam und setzt sich unter anderem für die Ökumene und

den christlich-islamischen Dialog ein. Im Umfeld der genannten Kneipe könnte der Satz aber auch als Rehabilitierung des kühlen goldgelben Gerstensaftes verstanden werden, der oft zu Unrecht in Verruf geraten ist.

DE WIND BLÖS ET IM NIT AAN

Ganz up to date sind die Rheinländer mit einer ganz traditionellen Redensart, die unter anderem für die schöne Voreifel verbürgt ist. Wir sprechen von: „De Wind blös et im nit aan." Selbst wenn wir das fix pflichtschuldig ins Hochdeutsche übersetzen, hilft das nicht sofort weiter: „Der Wind bläst es ihm nicht an." Na, und nu? Da ist schon viel Gehirnschmalz vonnöten, um uns auf die richtige Fährte zu setzen. Die Mundartsprecherin, die uns diesen Satz anempfohlen hat, gibt einen Tipp: Es geht hier um Körperproportionen. Wie gesagt, ein ganz aktuelles Thema in Zeiten von Muckibude, Diätwahn und Facebook-Selbstdarstellung.

„Der Wind bläst es ihm nicht an" soll also bedeuten, dass sich ein korpulenter Mensch schon über eine längere

Phase hat anstrengen müssen, um sich seine Fettpölster-
chen ehrenvoll zu erwerben. Es ist keineswegs so, dass
er kurz vor die Türe getreten ist, vom dort vorhandenen
Wind ergriffen wurde, der die – bleiben wir bei dem Wort
– Pölsterchen mit sich brachte und sie am zugleich über-
rumpelten wie überraschten Menschen hinterließ. Wäre
es so, dann würde er ganz und gar nichts dafür können.

Tatsächlich, und das ist die Botschaft zwischen den Zeilen,
ist der Junge oder das Mädchen selbst schuld. So meint es
jedenfalls die Redensart. Er wird schon einiges dafür ge-
tan haben, dass er jetzt so aussieht, wie er aussieht.

Diese Basisthese lässt natürlich völlig außer Acht, dass
es geteilte Meinungen über die Schuldfrage hinsichtlich
korpulenter Menschen gibt. Vielleicht wurde ihm als Kind
falsches Essen antrainiert, vielleicht sind es die Gene?
Oder, auch immer gerne genommen: Das sind die Drüsen!

Kurz und gut, unsere rheinische Redensart enthält impli-
zit die Aufforderung, etwas für sich zu tun. FDH (friss die
Hälfte), Kalorien zählen und sparen, mehr Sport, lieber
Eiweiß essen, auf Fett und Kohlenhydrate verzichten.
Kein Zucker, kein Alkohol, dafür Wasser aus der Leitung
und alle Nahrungsmittel vollwertig, am besten vegan. Da
würde man sich doch wünschen, dass der Wind doch der
Schuldige wäre.

ESST UN DRINKT ÜCH SATT, UN KUTT NIT BAL WIDDER

Die Gastfreundschaft des Rheinländers ist sprichwörtlich. Denn er weiß, dass jeder mal in die Situation kommen kann, in der er Unterstützung braucht. Sei es in Form von Essen im Topf, einem Dach über dem Kopf oder einem freundlichen Wort.

Da scheint es ein Widerspruch zu sein, dass der rheinische Dialekt auch die Redewendung kennt: „Esst un drinkt üch satt, un kutt nit bal widder." Auf Hochdeutsch heißt das: „Esst und trinkt euch satt, und kommt nicht so bald wieder."

Was ist da vorgefallen, möchte man fragen, dass der Gastgeber den Gast so deutlich wahrnehmbar loswerden will? Eigentlich kaum vorstellbar, denn der Rheinländer ist Träger eines sehr hohen emotionalen Intelligenzquotienten. Er kann sich in den Mitmenschen einfühlen. Er pflegt sogar mit wildfremden Menschen gern den zwanglosen Körperkontakt.

Man denke nur an das Schunkeln, das mit Recht als typisch rheinisches Verhalten gilt. Und dann auch noch die Lieder, die eigentlich keinerlei Zweifel aufkommen lassen dürften: „Drink doch ene met." „Trink einfach einen mit. Und stell dich nicht so an ..."

Nun weiß man aber auch, dass Gutmütigkeit zuweilen ausgenutzt wird. Und diese Zeitgenossen gibt es auch zuhauf. Hierzulande hat sich dafür der Begriff „Klävbotz" eingebürgert. Das ist jemand, dessen Hose so klebrig ist, dass es ihm unmöglich erscheint, nach Hause zu gehen, so lange es bei einem spendablen Gastgeber noch etwas zu holen gibt. Dass derjenige durch sein Verhalten nicht gerade – wie man heute sagen würde – ein Netzwerk aufbaut, sondern vielmehr nach und nach durch alle Raster fällt, das versteht sich von selbst.

Übrigens hat der große irische Schriftsteller James Joyce diese Gefahr in seinem beinahe unlesbaren Roman Ulysses angesprochen, als er in einer Nebenbemerkung über den Protagonisten Bloom den Tipp fallen ließ: „Ja nicht länger bleiben, als man gern gesehen ist." Ein guter Rat, denn dann kann man bei anderer Gelegenheit auch noch mal wiederkommen.

WÄE FRÖHT DISCH NOH DÄE UHRZICK?

Der Rheinländer gilt grundsätzlich als freundlich und integrativ. Gut, er hat halt zuweilen ein überbordend einnehmendes Wesen, aber zwischen Koblenz und Düsseldorf mit weltanschaulichem Zentrum Köln/Bonn sagt man in der Kneipe schnell: „Drink doch ene mit." Dieses Wesensmerkmal leitet sich von seiner großen Toleranz ab, die auf einem ganz besonderen Nährboden gewachsen ist. Denn das Rheinland war seit jeher ein buntes Völkergemisch. Hier waren die Römer und Germanen, die Franzosen und Preußen. Und alle brachten ihre Kultur und Gene mit ein. So ist es gelernte Tradition, allem und jedem gegenüber freundlich entgegenzutreten. Nachzuhören ist das in dem Bläck-Fööss-Klassiker „Unsere Stammbaum".

Aber wie das immer so ist: Wo viel Licht, da ist auch Schatten. Und so haben wir es gelegentlich auch mit dem Gegenteil zu tun. Mit grober Abweisung. Wenn es ganz schlimm wird, dann kommt die Redewendung: „Wäe fröht disch noh däe Uhrzick?" Ins Hochdeutsche übersetzt lautet der Satz vermeintlich unaufdringlich: „Wer fragt dich nach der Uhrzeit?"

Das Perfide an der Bemerkung ist allerdings ihre voll und ganz niedrigschwellige Heranschwebensweise. Wer nicht so ganz mit dem Dialekt vertraut ist, kann dabei gar nicht ihre Durchschlagskraft ermessen. Ja, es handelt sich tatsächlich um eine Tsunamiwelle, die ganz sacht und seicht heranzuschwappen scheint, sich aber zu einem meterhohen, todbringenden Brecher aufbäumt.

Die Situation, in der der Satz eingesetzt wird, kann etwa sein: Zwei miteinander vertraute Rheinländer unterhalten sich über allerwichtigste Gesprächsstoffe. Als ein Dritter, weit weniger anerkannt, dazukommt und sich ins Gespräch einklinken will, kommt die Redensart ins Spiel. Und die wirkt wie ein atomarer Erstschlag, da wächst hinterher kein Gras mehr. Wenn man ehrlich ist, müsste man sie übersetzen mit: „Hau ab, niemand interessiert sich für dich, und deine Meinung ist uns schnurzpiepegal."

Ja, so kann der Rheinländer auch sein, wenn ihm eine bestimmte Nase nicht passt. Dann nimmt er keinerlei Rücksicht auf seinen Mitmenschen, denn wie immer es auch sei: Der Diplomatenkoffer ist ihm fremd.

DAT IS DOCH KEEN HANTIER

Viele rheinische Redewendungen stammen aus dem Handwerkssektor. Denn lange Zeit war die Hauptsprache auf der Baustelle durch den Dialekt geprägt. Inzwischen ist es kaum noch möglich, überhaupt Handwerker zu engagieren, weil sie so viel zu tun haben und unter Nachwuchsmangel leiden, weil sich niemand mehr die Hände schmutzig machen möchte. So kurz und vorurteilsbeladen klingt die Begründung, warum immer mehr Heimwerker selbst zu Hammer und Schraubenzieher greifen müssen, um die anspruchsvollen Aufgabenstellungen in Haus und Hof selbst zu lösen.

Die Kehrseite dieser Medaille, die man auch unter der Rubrik „Do it yourself" zusammenfassen könnte, ist die bange Frage nach der Professionalität dieser Heimwerkerarbeiten. Und genau an dieser Stelle kommt unsere rheinische Redensart ins Spiel: „Dat is doch keen Hantier." Wir haben hier den äußerst seltenen Fall, dass es eigentlich keine wörtliche Übersetzung ins Hochdeutsche gibt. Das Wort „Hantier" stammt vom Begriff Hand ab. Es geht also um Handarbeit. So könnte man sagen: „Das ist doch kein Handarbeiten." Oder kurz: „Das ist doch kein Arbeiten." Unwillkürlich denkt man an den spitzen Schrei eines Künstlers, der ruft: „Ich kann so nicht arbeiten!" Und tatsächlich ist das die bedeutungsnächste Übersetzung. Für den Handwerker ist an dieser Stelle also kein ordentliches Arbeiten möglich.

Im Gegenzug lässt sich sagen: „Dat is aber en Hantier" – das bezeichnet eine unfachmännische Arbeit, die nicht wirklich erfolgreich abgeschlossen werden kann. Eine dritte Variante ist der Satz: „Mach mal kein Hantier." Hier handelt es sich um den Appell an jemanden, der viel Lärm um Nichts macht und dabei nicht besonders zielgerichtet agiert.

Der Begriff ist auch im Mitmachwörterbuch des Landschaftsverbandes Rheinland (LVR) erwähnt und wird im südlichen und westlichen Rheinland lokalisiert, obwohl es handwerkliche Laien und sogar Stümper ohne Zweifel in allen Landesteilen gibt.

ISCH KÜNNT TROONE FUTZE

Der Rheinländer ist gerne gut gelaunt. Dafür sind die rheinischen Redensarten ein regelmäßiger Beleg. Denn sie strotzen vor Humor und Situationskomik. Es gibt da also praktisch immer wenigstens etwas zu schmunzeln. Wenn man die ausgelassene Laune allerdings noch Schritt für Schritt steigert, bis es nicht mehr geht, dann kommt folgender Spruch zum Einsatz: „Isch künnt Troone futze." So, wie wir es hier schreiben, ist es im Langenscheidt-Wörterbuch „Lilliput Kölsch" verzeichnet. Es ist also die kölsche

Verschriftlichung eines Satzes, der in Variationen an vielen Stellen entlang des mittleren Rheines vorkommt.

Die wörtliche Übersetzung ins Hochdeutsche könnte lauten: „Ich könnte Tränen furzen." Das alleine ist schon ein ulkiges Sprachbild, das den Gemütszustand desjenigen, der es äußert, sehr treffend beschreibt. Er freut sich nicht nur, er lacht nicht nur aus vollem Hals, er hat sich quasi in die kaum noch zu stoppende Stimmung der hysterischen Lachattacke gesteigert. Er kann nicht mehr, er hält sich den Bauch, er schüttelt sich vor Lachen. Der Auslöser mag schon allmählich in den Hintergrund gerückt sein, man lacht nur noch um des Lachens willen und ist nicht in der Lage aufzuhören. Da muss der Druck entweichen, egal wohin, nach oben, nach unten, und das auch explosiv. Wenn man diesen Aggregatzustand erreicht hat, dann ist dieser Satz mehr als treffend. Und zwar wörtlich UND im übergeordneten Sinn.

Ein Leser hat sich gemeldet, der dieses Gefühl bei einem alten Tünnes-und-Schäl-Witz erreicht. Und der geht so: „Ali steht auf dem Balkon und schüttelt seinen Gebetsteppich aus. Unten geht Tünnes vorbei und sagt: Wat is, Ali, springt er nit an?"

Das ist natürlich nur zu verstehen, wenn man die Stichworte Ali, Gastarbeiter, Moslem, fliegender Teppich, altes Auto assoziiert. Nun mag man einwenden, dass so ein Witz altbacken ist und heutzutage nicht mehr als politisch korrekt gelten kann. Geschenkt! Eines zeigt er aber ganz bestimmt: Der Rheinländer interpretiert die Welt stets mit seinem ureigenen Instrumentarium. Die Außenwirkung ist ihm dabei vollkommen egal. Selbst für ihn Exotisches gemeindet er in sein Weltbild ein. Und landet damit ganz bewusst eine Pointe ohne irgendeinen bösen Hintergedanken. Schön!

WIE DE HERR, SU ET JESCHÄRR

Manchmal muss man tief in die Geschichte abtauchen, um zu erklären, was eine rheinische Redensart bedeutet. Hier handelt es sich um einen Satz, den die meisten kennen dürften: „Wie de Herr, su et Jeschärr." Die Wendung ist unmittelbar verständlich, weil es sie im Hochdeutschen praktisch genauso auch gibt: „Wie der Herr, so's Gescherr" (oder genauer: Geschirr).

Diese Lebensweisheit existiert so oder so ähnlich in sehr vielen Sprachen, was zunächst einmal ein sicherer Hinweis darauf ist, dass die Aussage evident ist und gewissermaßen eine anthropologische Konstante darstellt. Ob Rheinisch, Hochdeutsch oder Russisch – das Sprichwort

geht wohl auf den altrömischen Satz „Plane qualis dominus, talis et servus" zurück und bedeutet: „Wie der Herr, so auch der Sklave." Sprachwissenschaftler gehen davon aus, dass um des Reimes willen das Gescherr hineinkam. Dies bezeichnet das Geschirr, in dem der Untergebene angeschirrt ist. Schon für das Altgriechische ist diese Aussage inhaltlich verbürgt als „Wie die Herrin, so die Hündin." Gemeint ist ganz offensichtlich, dass sich der Charakter der Eltern an dem Verhalten ihrer Kinder ablesen lässt. Ebenso ähneln sich Sklaven und Herren, Hund und Frauchen, Chef und Mitarbeiterin in der Art und Weise der Interaktion.

Einmal ganz davon abgesehen, dass dieser Befund meist abwertend gemeint ist, darf man ruhig fragen, warum dem so ist. Denn wie schon erwähnt, gilt der Satz nicht nur im Rheinland. Im Hochdeutschen wird auch gerne gesagt: „Der Apfel fällt nicht weit vom Stamm." Das öffnet eine uralte psychologische und pädagogische Grundsatzdiskussion. Sind für das Verhalten und den Charakter eher die Gene oder ist eher die Umwelt verantwortlich? Die Wissenschaft hat zu unterschiedlichen Zeiten unterschiedliche Antworten darauf gefunden. Für die eigenen Kinder gilt aber natürlich beides, sie haben in der Regel sowohl die determinierenden Gene als auch die erzieherischen Maßnahmen ihrer Erzeuger mitbekommen. Kein Wunder, dass man da viel wiedererkennt. Heute weiß man ja auch, dass die Kinder am meisten durch Nachahmung lernen und weniger durch Anleitung. Alles deutet also auf die Gleichheit von Herr und Gescherr hin!

MAACH DAT MÄH MAL EIH

Wir haben an dieser Stelle schon vielerlei rheinische Redewendungen besprochen. Und meistens waren es traditionsreiche, über viele Jahrzehnte überlieferte Sätze, die lange gesammelte Lebenserfahrung auf den Punkt zu bringen verstanden. Diesmal wenden wir uns einer etwas neueren Entwicklung zu. Schließlich soll man auch der Zukunft zugewandt bleiben.

Es geht um den Satz: „Maach dat Mäh mal eih." Klar, das muss man erst einmal sacken lassen. Es handelt sich sicher nicht um rheinischen Dialekt in purer Daseinsform. Denn hier ist neben dem örtlichen Platt auch Kindervokabular eingeflossen. Das alles, zusammengefügt und umgerührt, ergibt eine eigentümliche Melange, die eher einem bestimmten gesellschaftlichen Kulturkreis denn einer geografischen Lage zuzuordnen ist. Folglich kann der Satz so oder so ähnlich auch anderswo vorkommen. Vor die Übersetzung hat der liebe Gott den Schweiß gesetzt, deshalb gehen wir mal in die Einzelanalyse. Die Worte „Mäh" und „eih" entstammen beide dem Eltern-Kind-Dadaismus und bedeuten „Schaf" und „streicheln". Die hochdeutsche Version heißt folglich: „Streichle mal das Schaf!"

Ein bekannter elterlicher Imperativ. Inzwischen gibt es eine ganze Sammlung solcher Sätze, die allesamt unter dem Stichwort „Kevinismus" zusammengefasst werden. Welcher Gedanke steht dahinter? Als der Hollywoodspielfilm „Kevin – Allein zu Haus" 1990 in die Kinos kam, war er so erfolgreich, dass in der Folge sehr, sehr viele männliche Neugeborene den Namen Kevin erhielten. Nun gibt es Menschen, die die These vertreten, dass vor allem Zeitgenossen der weniger gebildeten Schichten – vulgo: des Prekariats – auf diesen Namen ansprangen und dabei außer Acht ließen, dass er wahrnehmbar aus dem Angloamerikanischen stammt und in Kombination mit deutschen Nachnamen gewöhnungsbedürftig klingt. Beispiel: Kevin Schmitz. In diese Argumentation passt auch der Mädchenname Jacqueline, der rheinisch gesprochen „Schackeliene" lautet. Legendär in dieser Hinsicht ist auch Chantal, gerne gesprochen wie: „Schantall".

Wenn also Käwin, Schackeliene und Schantall im Remagener Streichelzoo sind, dann maache die da dat Mäh mal eih.

WER MORJENS FRÖH FLÖÖT, DEN HÖLT DE KATZ

Manche Redensart, die es im rheinischen Idiom gibt, ist – wie der Biologe sagen würde – nicht endemisch. Soll

heißen: Sie tritt nicht nur örtlich begrenzt im Rheinland auf. Das gilt auch für eine Anregung, die uns aus der Voreifelmetropole Heimerzheim erreicht: „Wer morjens fröh flööt, den hölt de Katz." Einmal ganz davon abgesehen, dass der klangliche Reiz dieses Satzes in der vielfachen Wiederholung der Vokale O und Ö liegt, ist die Wendung vergleichsweise problemlos ins Hochdeutsche zu übersetzen: „Wer früh morgens pfeift, den holt abends die Katze."

Unser Mundartsprecher sagt dazu: „Das hat meine Mutter früher immer zu mir gesagt, wenn ich schon pfeifend bei uns zu Hause die Treppe runterkam. Ich glaube, dass es hierbei nicht um die Sorge ging, dass ich aufpassen sollte, dass mich im Laufe des Tages DIE KATZE erwischt. Ich denke, dass es reiner Selbstschutz für den Morgenmuffel war, weil er so früh noch nicht so viel Fröhlichkeit vertrug." – Könnte wahr sein!

Interessant ist, dass diese Redewendung in Varianten im ganzen deutschsprachigen Gebiet bekannt ist. Und das sogar schon sehr lange. Bereits im Deutschen Sprichwörterbuch von J. C. Blum aus dem Jahre 1782 ist es enthalten: „Die Vögel, die zu früh pfeifen, sind oft Abends von den Katzen gefressen." Seine Auslegung dazu: „Es weiß keiner, wie es ihm den Tag über gehen kann. Mancher freut noch am Morgen sich seines Lebens, der Abends unter den Lebenden nicht mehr seyn wird. Darum freue dich deines Glücks in den Schranken der Mäßigkeit und Tugend." Man könnte also auch sagen: „Freu dich bloß nicht zu früh, du weißt nicht, was noch kommt."

Das allerdings widerspricht der bedeutenden Maxime rheinischer Lebensart, dass man die Feste feiern sollte, wie sie fallen. Denn letztlich ist es doch gerade Ungewissheit dessen, was uns noch bevorsteht, die uns veranlassen sollte, jedes positive Gefühl mitzunehmen, ohne in diesem Moment schon an das etwaige böse Ende zu denken.

BESTE AD WIDDE AM KÜHME?

Es gibt Sätze, die gehören zum Standardrepertoire des Rheinländers. Einfach, weil sie so oft im Alltag einzusetzen sind. Allzeit Hochkonjunktur hat die rheinische Wendung: „Beste ad widde am kühme?"

Das ist insofern schön, als wir es hier wieder mit einem klanglichen Erlebnis zu tun haben. Stichwort: Lautmalerei. Dreh- und Angelpunkt ist das Wort „kühmen". Wer das langgezogen ausspricht, kann schon erahnen, was es bedeutet. „Stöhnen", „klagen", „jammern". Die Übersetzung ist also: „Jammerst du schon wieder?" Es gibt ja solche Menschen, die überall das Haar in der Suppe finden. „Sag ja zum Problem", könnte man da formulieren. Der Psychologe Paul Watzlawick hat in seinem Buch „Anleitung zum Unglücklichsein" diese Lebenshaltung ausführlich dargestellt und analysiert. Das Gegenteil davon sind die Optimisten, die vielleicht wie Hiob im Alten Testament dauerhaft negative Nachrichten mit Gottvertrauen parieren und sich unverdrossen bemühen, auch aus der schlechtesten Situation noch etwas Positives herauszuholen. Da ist es nützlich, wenn man über Kardinaltugenden verfügt wie Geduld, Ausdauer und Unerschütterlichkeit.

Wie dem auch sei: Die moderne Psychologie geht davon aus, dass das eigene Glücks- oder Unglücksempfinden zum größten Teil im Auge des Betrachters liegt. Oder sollte man sagen: Durch seine Interpretation bestimmt ist. Wohlgemerkt sprechen wir hier nicht von Schicksalsschlägen, denen man nur schwer etwas Positives abgewinnen kann, weil sie einfach fürchterlich sind. Es geht eher um eine Grunddisposition zum Leben im Allgemeinen. Und da gibt es die Nörgler, die Miesepeter und die Haar-in-der-Suppe-Finder.

Interessanterweise hat sich das Dialektwort „kühmen" in leichter Abwandlung auch im Hochdeutschen erhalten, nämlich im Adverb „kaum". LVR-Sprachforscher Peter Honnen nennt in seinem Herkunftswörterbuch als Beispielsatz: „Das kann man kaum schaffen."

Wenn man es dennoch anpackt, braucht man Mut, Selbstvertrauen und Hoffnung, kurz: eine rheinische Lebenshaltung.

E FRAULÜCKS BEEN WÄRMB MIH WIE EN KAAR VOLL JLÖNIJE ZIJJELSTEEN

Der Rheinländer denkt stets praktisch. Und er gilt per se nicht unbedingt als Romantiker. Ein gutes Beispiel dafür ist die Redensart: „E Fraulücks Been wärmb mih wie en Kaar voll jlönije Zijjelsteen." Das ist zunächst einmal eine äußerst trockene Formulierung. Übersetzt ins Hochdeutsche bedeutet sie: „Das Bein einer Frau wärmt mehr als eine Schubkarre voll glühender Ziegelsteine."

Der Versuchsaufbau ist an dieser Stelle nicht unbedingt generationsübergreifend nachvollziehbar. Es sind da einige Vorannahmen enthalten, die der Erklärung bedürfen. Das Sprachbild hat sich wohl aus alten Zeiten herübergerettet. Aus so alten Zeiten, als es noch keine Zentralheizung und auch keine Wärmflasche im Portfolio der Wohlfühlgesellschaft gab. Das ist so lange her, dass wir in Zeiten zurückblicken, in denen man noch mit Kohleofen heizte. Und wenn der Winter besonders hart war und die Temperaturen im üblicherweise ungeheizten Schlafzimmer unter Null Grad Celsius zu fallen drohten, erhitzte man auf oder im Ofen einen Ziegelstein und legte ihn rechtzeitig vor dem Zubettgehen unters Plümo, so dass man nicht sogleich erstarrte, wenn man in die Federn sprang.

Glaubt man der Redensart, ist Mann auf diese Art der Nestwärmung nicht angewiesen, wenn er eine Frau sein Eigen nennt, deren warme Beine ja den gleichen Zweck erfüllen. Dieser Gedankengang ist natürlich heutzutage niemandem mehr vermittelbar. In Zeiten der politischen Korrektheit und der fast vollendeten Emanzipation – na ja, sagen wir: man ist schon ein kleines Stück vorangekommen – darf man eine Frau nicht mehr in dieser Weise als Objekt betrachten und auf einzelne Funktionen reduzieren. Ganz zu schweigen davon, dass das gedankliche Konstrukt der romantischen Liebe, wie man sie heute bevorzugt, eine ganzheitliche Perspektive auf das Subjekt Frau freigibt. Die sollte den Mann von heute eigentlich vor solchen geschmacklosen Vergleichen bewahren.

Aber wenn wir mal die politische Korrektheit außen vor lassen, müssen wir schon feststellen, dass der Urheber der Redewendung schon ein Stück weit Recht hatte, oder?

ISCH HAN DE PIPS

Der Rheinländer neigt zuweilen den Extremen zu. Sprachlich findet sich diese ambivalente Grundhaltung zum Leben in der Tatsache wieder, dass manche Redensarten ganz besonders lang und kompliziert klingen, andere hingegen äußerst kurz und knapp.

Letzteres liegt im folgenden Satz vor: „Isch han de Pips." Wenn man nun nach der Herkunft fragt, möchte man meinen, hier habe die so typische rheinische Lautmalerei zugeschlagen. Das einsilbige Wort „Pips" mit kurz gesprochenem i könnte bildlicher kaum sein. Man stelle sich vor, jemand sagt „Pips". Da hat man sofort den Reflex, „Gesundheit" zu sagen. Dementsprechend lautet die Übersetzung etwa: „Ich habe den Schnupfen."

Interessanterweise gibt es aber eine sehr handfeste Erklärung zur Etymologie, also Herkunft, des Begriffes. Der Sprachforscher Peter Honnen klärt darüber auf, in seinem Herkunftswörterbuch der Umgangssprache: Wo kommt dat her?

Vom Rheinland bis ins Ruhrgebiet hinein ist „Pips" oder „Pipsch" bekannt. Es bezeichnet eine leichte Erkältung, Husten oder Schnupfen. Die sprachliche Wurzel liegt im lateinischen „pituita", das zunächst „Verschleimung" hieß. Wie der Dialektforscher herleitet, hat sich das Wort unter dem Einfluss von „pipare" (pfeifen) zum spätlateinischen

„pipita" und später zu „pfipfs" gewandelt. Wurde damit früher eine Erkältung bei Hühnern bezeichnet, übertrug sich der Ausdruck Pips auf den Menschen. Verwandte Begriffe gibt es im Spanischen (pepita) und Französischen (pépie). Insofern ist der Pips eben gerade nicht durch Lautmalerei entstanden, sondern ist ein typisches Beispiel für eine Wortstammentwicklung aus dem Lateinischen. Denn nicht nur genetisch, sondern auch sprachlich haben die Besucher und Besatzer des Rheinlandes ihre Spuren hinterlassen. Das gilt für die alten Römer ebenso wie für die Franzosen, denen wir „Trottewar" und „Schäselong" verdanken. Wir sprechen hier also quasi über Wörter mit Migrationshintergrund.

BEI DEMM WEDDER KRITT MER JO DE PIMPERNELLE

Schon der griechische Philosoph Aristoteles proklamierte für alles Gute die „goldene Mitte". Er argumentierte streng logisch und mit Blick auf den Alltag. Extreme waren ihm zuwider. In der Politik, in der Psychologie und – wahrscheinlich – auch beim Wetter. Hätte der Mann in unseren Tagen gelebt, dann kämpfte er gegen den Klimawandel an. Vermutlich! Denn der beschert uns gerade die Extreme. Ein dreiviertel Jahr Sonne bis vier Meter in die Erde und dann Regen, Regen, Regen, Hagel, Schnee, Niesel, Graupel und wieder Regen.

Und da kommt eine Redensart ins Spiel, die uns eine Leserin zugeschickt hat. Sie erinnert sich an diesen Satz ihrer Mutter, die sagte: „Bei demm Wedder kritt mer jo de Pimpernelle". Es ist nicht unkompliziert, den Satz ins Hochdeutsche zu übersetzen: „Bei dem Wetter bekommt man ja das Zittern." Denn die Pimpernelle oder Bibernelle ist hier allgemein die Bezeichnung für das Zittergras. Heutzutage ist es nur noch selten in der freien Natur anzutreffen. Und weil dieses Gras im Wind so schön schwingt, hat es Eingang gefunden in den Dialekt und bedeutet zittern.

Das ist ja ein Phänomen, das vornehmlich während der kalten Jahreszeit auftritt, wenn die Außentemperaturen dergestalt sind, dass man am ganzen Körper vibriert. Was will man auch machen, wenn das Wetter so usselich ist, dass Kälte und Feuchtigkeit den Körper zu durchdringen scheinen.

„Die Pimpernellen kriegen" kann aber noch weitreichendere Bedeutung haben. So wird es auch eingesetzt, wenn es um Angst oder Ungeduld geht. Gesetzt den Fall, man wartet etwa auf eine Person, mit der man sich verabredet hat, und man muss lange warten, dann kann sich das im Extremfall auch in einer Zitterattacke äußern. Das dürfte zwar leicht übertrieben sein, illustriert aber, wie unangenehm dieses Gefühl sein kann.

KEE HEMP AM AASCH, ÄVVER LA PALOMA FLÖTE

Ganz spannend wird das Thema Redensarten, wenn eine Variante vorbeigeflogen kommt, die überörtlich, ja, praktisch überall bekannt ist. Das ist der Fall bei: „Kee Hemp am Aasch, ävver La Paloma flöte." Die wörtliche Übersetzung ins Hochdeutsche ist schnell gemacht: „Kein Hemd am Hintern, aber ,La Paloma' pfeifen." Wer sich ein bisschen in anderen Landstrichen umhört, der erfährt: Der Satz ist nicht auf das Rheinland beschränkt und existiert in verschiedenen Spielarten auch anderswo. Beispiele: „Kein Arsch in der Hose, aber ,La Paloma' pfeifen"; „Keinen Zahn im Mund, aber ,La Paloma' pfeifen." Es geht sogar noch ausführlicher: „Keine Zähne im Maul, aber in der Kirche ,La Paloma' pfeifen."

Ein wichtiger Bestandteil der Bedeutung scheint die derbe Ausdrucksweise zu sein. Hier ist also jemand vorzugsweise aus der unteren Gesellschaftsschicht, der – sagen wir mal – eine vornehme Ausdrucksweise meidet und dem es auch sonst an einigem fehlt, der sich aber dennoch ungeniert Gehör verschafft. Und zwar mit einem Lied, das als das bekannteste Lied der Welt gilt. Ein Lied, das von der großen weiten Welt erzählt und auch selbst die große weite Welt eroberte. Es stammt von dem spanischen Komponisten Sebastián de Yradier und wurde – so vermuten Historiker – 1863 im Nationaltheater von Mexiko zum ersten Mal gesungen. Es gibt ungezählte Versionen, auf Deutsch hat es sich zu einem Seemannslied gewandelt, gesungen unter anderem von Hans Albers und Freddy Quinn. Inzwischen steht es auch im Guinness-Buch der Rekorde, nachdem es 2004 zum 815. Hafengeburtstag in Hamburg mit 88 600 Besuchern den Weltrekord im Chorsingen aufstellte.

La Paloma steht also für Weltgeltung und Weltrekord. Wahrlich ein Gegenpol zum armen, hemdlosen Zeitgenossen, der durch seine Zahnlücke pfeifen muss. Eine niedliche Alternative ist übrigens: „Keine Haare auf dem Kopf, aber einen Kamm in der Tasche." In allen Fällen ist mit dem Satz ein großer Blender oder Aufschneider gemeint, der im Grunde nichts zu bieten hat. Im Rheinischen könnte man auch sagen: „Der es net esu wie er doher jeht." Letztlich ist es die dringende Warnung, sich nicht im Charakter eines Menschen zu täuschen.

DAT MAACHE MER ENS MANGS

Im Rheinischen gibt es Begriffe, die kennt man, oder die kennt man nicht, aber man kann sie nur äußerst schwer herleiten. Ein solches Wort steckt in der Redewendung: „Dat maache mer ens mangs." Die Mundartsprecherin, die

uns diesen Satz zugespielt hat, verfügt gleichzeitig über Kölsche wie über Bönnsche Wurzeln. Das kann ein Vorteil sein, wenn man bedenkt, dass der rheinische Dialekt je nach Region und teilweise sogar von Ort zu Ort variieren kann. Die pointierte Übersetzung ins Hochdeutsche kann folgendermaßen sein: „Das machen wir mal geschmeidig." Die Vokabel „geschmeidig" ist hier ganz klar augenzwinkernd gemeint, wird es doch im Alltag etwa eingesetzt, wenn der Rheinländer an sich einmal einen verspannten Rücken hat und sich mal schnell massieren lassen muss. Dann wird der Rücken „mangs" oder „geschmeidig" gemacht. Und zwar mit voller Kraft voraus.

Im Bönnsch-Wörterbuch von Herbert Weffer steht für „mangs" die Übersetzung: weich, zart, biegsam. Adam Wrede seinerseits spricht im kölnischen Sprachschatz von: weich, samtartig. Er sieht die Anwendung etwa auf die Beschaffenheit von Leder bezogen. Und Sprachforscher Peter Honnen übersetzt aktuell: mürbe, breiig, weich, zerfließend. Der Camembert kann also mangs sein, so wie der Muskel, aber auch der Teig. Hier wird etwas geknetet, bis es weich, breiig und eine durchgehend homogene Masse ist. So weit, so klar. Wie Honnen gefunden hat, gibt es im ländlichen Raum allerdings auch noch eine uralte Bedeutung, die sich auf das Vieh bezieht und „unfruchtbar" meint. Es würde hier zu weit führen, in die historischen Details zu gehen, aber der Begriff ist laut Sprachforscher Honnen relativ stringent zurückzuführen, über vorgermanische und vorromanische Sprachen, bis ins Indogermanische und den Wortstamm „mend". „Es ist eine ehrfurchtgebietende Vorstellung, dass sich hier in Teilen des Rheinlands über Jahrtausende ein Wort gehalten hat, das sonst nirgendwo mehr zu hören ist", sagt Honnen mit der Begeisterung des Fachmannes.

ISCH HAN HÖPP AM BEEN

Zahlreiche rheinische Redensarten betreffen Lebensregeln und Verhaltensratschläge. Oft stammen sie aus dem häuslichen und bäuerlichen Sektor. Meist haben sie eine konkrete Alltagsbedeutung und dazu eine übergeordnete – Stichwort: Meta-Ebene.

Im vorliegenden Fall ist das anders. Hier geht es rein um eine medizinische Anamnese. „Isch han Höpp am Been." Das ist zwar leicht zu verstehen, aber schwer zu übersetzen. Am ehesten vielleicht mit: „Ich habe Beschwerden am Bein, weshalb ich hinke." Wenn man das bönnsche Wörterbuch von Herbert Weffer zu Rate zieht, dann nennt man eine hinkende Person auch „Höppebeen" oder schöner: „Höppelepöpp".

Höppemötzje nennt man übrigens das Kästchenhüpfen auf dem Schulhof. Wir erinnern uns: Meist waren es die Grundschulmädchen, die in der großen Pause mit Kreide ein paar Quadrate auf den Boden malten und dann mit

einigem Geschick nach besonderen Regeln auf einem oder
beiden Beinen über die Kästchen hinweghüpften. Besonders schön ist, dass das Spiel eigentlich nie so richtig aus
der Mode gekommen ist und noch heute zum Spielereper-
toire in den Schulen gehört. Aber um beim medizinischen
Aspekt zu bleiben, müssen wir ganz klar unterscheiden
zwischen vorübergehendem und lebenslangem „Höpp
am Been". Da sind die einen, die sich vielleicht sogar bei
einer sportlichen Betätigung den Fuß umgeknickt haben
und über einige Tage oder Wochen hinken. Das kann sehr
schmerzhaft und lästig sein, aber es hat irgendwann ein
Ende.

Schlimmer ist es, wenn jemand ein Leben lang humpelt,
etwa weil er einen Klumpfuß hat. Das war in früheren
Zeiten gar nicht mal so selten und konnte die unterschiedlichsten Ursachen haben. Da derjenige dann nicht in
vollem Umfang am gesellschaftlichen Leben teilnehmen
konnte, war das auf dem Land oft ein Grund dafür, dass
er eine Sonderstellung hatte, was nicht immer positive
Auswirkungen hatte. Oft mussten sich die Betroffenen
von Kindesbeinen an mit Hänseleien herumschlagen. Und
manchmal fand die offensichtliche Behinderung auch Wi-
derhall in abwertenden Spitznamen. So wurde in unserem
Dorf die humpelnde Elisabeth von allen nur Höppelisje
genannt. Unnötig zu sagen, dass sie es nicht leicht hatte.
Sie galt als Original. In der direkten Ansprache verzichtete
man allerdings genauso konsequent auf das Präfix „Höp-
pe-", wie man es hinter ihrem Rücken benutzte.

JEDE JECK ES ANDERS

Im Zentrum der fünften Jahreszeit, im Epizentrum des Karnevals, hat eine rheinische Redensart Konjunktur, die mehr als jede andere die Toleranz des Rheinländers thematisiert: „Jede Jeck es anders!" Ausnahmsweise würde an dieser Stelle eine wörtliche Übersetzung ins Hochdeutsche bedeutungsmäßig auf die völlig falsche Fährte führen. Denn der strenge Wortlaut hieße: „Jeder Verrückte ist anders." Tatsächlich ist hier aber nicht von Verrückten die Rede, sondern von uns allen. Denn wer ist schon normal? Wahrscheinlich niemand! Und so sind wir alle irgendwie verrückt, jeck. Aber eben jeder auf seine eigene Weise. Und das ist das Liebenswerte. Jeder ist, wie er ist, und das darf auch so sein. Ob verkleidet oder nicht. Einen entspannenderen Freibrief für eine individuelle Lebensweise könnte es kaum geben. Jeder soll nach seiner Façon glücklich sein.

Das Wort „Jeck" stammt indes vom niederdeutschen Begriff „Geck" ab. Und weil der Rheinländer so ziemlich jedes G zum J macht, ist der Weg zum Jeck äußerst kurz. Wie LVR-Sprachforscher Peter Honnen feststellt, ist der Geck als Schimpfwort am Niederrhein schon seit 1385 nachgewiesen, und zwar als „Hofnarr der Bischöfe von Köln und Lüttich". Die älteste, aber fragwürdige Entstehungslegende bezieht sich auf die Bibelstelle im Alten Testament, Sprüche 30,1, wo der Sohn „Jakes" sagt: „Ich bin der Allertörichtste, und Menschenverstand habe ich nicht."

Übrigens verkleiden sich zu Karneval nicht nur die Jecken, sondern auch die Sprache. Damit hat sich Honnens Kollege Georg Cornelissen beschäftigt. Demnach gibt es einige Vokabeln, die auch der Neu-Rheinländer an den tollen Tagen kennen sollte, um sich im Karneval zurechtzufinden:

Jeck=Karnevalist, Kamelle=Bonbon, Bützje=Küsschen, Strüßje=Blumenstrauß, Bütt=Rednerpult, Fastelovend=Kar-

nevalszeit, Immi=Zugereister, Lecker Mädche=hübsche
Frau, Wiever=Frauen, Zoch=Karnevalsumzug, Stippefött-
che=besonderer Gardetanz und – vielleicht am Wichtigsten
– der Karnevalsruf „Alaaf". Letzterer leitet sich wohl her
von „alles ab" und bedeutet: „Alles andere ist im Vergleich
dazu nichts wert". In diesem Sinne: Alaaf!

DÄ HÄTT JET AN DE FÖSS

Mag sein, dass der Unbedarfte bei dieser rheinischen Redensart erst einmal in die völlig falsche Richtung denkt. Vielleicht geht er davon aus, dass es sich hier um eine Bemerkung handelt, die in das Themenspektrum der Orthopädie gehört, aber weit gefehlt. Hier ist die Rede von etwas viel Elementarerem. Der Ausdruck: „Dä hätt jet an de Föß" ist recht leicht wörtlich übersetzt ins Hochdeutsche und stellt für den Zugereisten keine hohe Hürde dar: „Der hat etwas an den Füßen." Es geht hier aber nicht um Lahme und Humpelnde. Es geht nicht um Schmerzen und Ermüdungsbrüche. Vielmehr werden hier Menschen bezeichnet, die reich sind, die nicht auf den Pfennig achten müssen. Der übergeordnete Sinn könnte also lauten: „Der hat richtig viel Geld."

Aber wie kommt es zu dem sprachlichen Vergleich mit den Füßen? Das ist nur aus der Historie erklärbar und reicht zurück in Zeiten, als der Besitz von Schuhwerk noch keine Selbstverständlichkeit war, ja, im Gegenteil ein ausgesprochenes Zeichen für Wohlsituiertheit. Und wer in der Lage war, sehr gutes und robustes Schuhwerk zu tragen, der musste schon reich sein. In die gleiche Richtung geht die Charakterisierung, „wohlbetucht" zu sein. Wer etwas Geld hat, der kann sich in gute Tücher hüllen. Und so kam man nach und nach zu der weitreichenden Erkenntnis: „Kleider machen Leute." Reiche Menschen können sich wertvolle Kleidung leisten. Im Umkehrschluss

werden gut gekleidete Menschen allgemein erst einmal als wohlhabend angesehen. Wer in alten und abgerissenen Kleidern in die Öffentlichkeit geht, der hält demgegenüber nicht viel auf sich und kann eigentlich nur arm und bedürftig sein. Dann heißt es schnell: „Du lövs eröm wie e Halfjehange." Man sieht dann aus, als sei das Kleidungsstück nur halb ordentlich auf den Kleiderbügel gehängt. Und wenn das Kleidungsstück nicht richtig passt, sei es von der Größe oder der Farbe her, dann fragt man: „Wat häste für e Jefräckels an?" Auf jeden Fall hat dieser Kamerad bestimmt nix an de Föß.

Übrigens hat mir Mundartsprecher Ludwig Baum eine weitere Erklärung für die Redensart gegeben, die er von seiner Großmutter hatte, die zwischen 1885 und 1970 lebte und aus dem heutigen Köln-Mülheim stammte. Demnach bedeutete Reichtum in früheren Zeiten primär Landbesitz, und wenn man auf seinem eigenen Land stand, dann hatte man etwas an den Füßen. Wer Geld hatte, hatte etwas in der Tasche. Der wirklich begüterte Mensch hatte „jet an de Föß" und der andere hatte „jet in d'r Täsch".

ISCH HAN JELD ZEBASCHTE

Man könnte meinen, das Thema Geld und Reichtum wäre
ein eigenes Kapitel für die rheinischen Redensarten. So
viele Sinnsprüche gibt es, die auf irgendeine Weise sagen
wollen: „Ich habe viel Geld", oder gerade das Gegenteil.
Eine ganz besondere Spielart ist der Satz: „Isch han Jeld
zebaschte." Ins Hochdeutsche übersetzt heißt das sinngemäß: „Ich habe Geld wie Heu." Das eigentlich Bemerkens-
werte daran ist das Wort „zebaschte". Es beschreibt eine
sehr große Menge, die praktisch unzählbar, wenigstens
aber unüberschaubar ist.

Ein interessanter Exkurs für Sprachenthusiasten ist
folgender: Üblicherweise streiten sich die Mundartsprecher von hier und dort gerne und ausdauernd über die
richtige Schreibweise. Da gibt es „Rechtschreibpäpste"
und Lockerungsfanatiker. Letztlich sagen uns die akade-
mischen Sprachwissenschaftler – die ja eigentlich gerne
alles in eine festgelegte schriftliche Form gießen – dass
der Dialekt eine gesprochene Sprache ist, und dass es
keine verbindlichen Schreibregeln gibt. Ein langes -o-
kann geschrieben werden durch -oo- oder -oh-, manchmal auch einfach als -o-. Und es gibt noch das rheinische
Dehnungs-i, so dass es auch -oi- notiert werden kann
wie in Troisdorf und Roisdorf (gesprochen Troosdorf und
Roosdorf). Weitere Varianten sind möglich. Ein weites
Feld also.

Diesmal ist es allerdings anders. Die vorhandenen Wörterbücher sind sich in der Schreibweise einig. Es steht geschrieben „zebaschte". Oder höchstens abgekürzt „zebasch". Obwohl es ursprünglich, laut Wredelexikon seit 1877, getrennt „ze Baschte" verschriftlicht wurde. Und damit sind wir auch schon bei der Bedeutung. Hilfe bekommen wir von LVR-Sprachforscher Peter Honnen, der in seinem Herkunftswörterbuch der rheinischen Umgangssprache erläutert, dass das Wort die rheinische Variante vom Standarddeutschen „zum Bersten" oder „bersten" ist. Im Niederländischen und Niederdeutschen taucht es als „barsten" auf. Und das bedeutet eigentlich: „zum Bersten voll". Wenn also jemand etwas „zebaschte" hat, und das kann alles sein, nicht nur Geld, dann ist dessen Aufbewahrungsbehältnis zum Bersten voll. Durch das Lautmalerische kann man sich das sehr gut vorstellen.

DAT DON ISCH US FRACK NET

Die rheinischen Redensarten weisen oft über sich hinaus. Dann sind sie nicht nur Lebenshilfe oder Handlungstipp für den Alltag, sondern tragen Spuren der Weltgeschichte in sich. So ist das beim Satz: „Dat don isch us Frack net." Hier ist jemand, der es ablehnt eine Sache zu tun, und

zwar mit dem Hinweis darauf, dass er – gelinde gesagt – nicht in der Stimmung dazu ist. Wörtlich ins Hochdeutsche übersetzt würde das vielleicht heißen: „Das tue ich aus Ärger nicht." Hier ist also jemand trotzig, nimmt dem Mitmenschen etwas übel und sieht es gar nicht ein, ihm in irgendeiner Weise einen Gefallen zu tun. Trotz ist ein besonders zielgerichtetes destruktives Gefühl, das wohl seine größte Ausprägung in der Trotzphase von Kindern hat. Eltern wissen ein Lied davon zu singen, wenn sich der Nachwuchs im Supermarkt auf den Boden wirft und schreit: „Ich will, ich will, ich will!" Dann heißt es: Bloß nicht nachgeben und den Anfall vorüberziehen lassen. Die Entwicklungspsychologen sagen uns, dass Kinder von solchen Anfällen so ab zwei Jahren heimgesucht werden.

Viel, viel älter ist allerdings das Bezugswort unserer Redensart, nämlich „Frack" oder „frackig". Laut Lexikon der Umgangssprache wird es mit „ärgerlich" und „wütend" übersetzt, hat sich aber aus einem Wortstamm entwickelt, der ursprünglich „Rache" bedeutete. Hier ein kleiner sprachgeschichtlicher Exkurs: Das kölsche „Frack" wurde früher „Vrak" geschrieben und stammt vom altniederfränkischen „wraca" und althochdeutschen „rahha". Letzteres wurde im Mittelhochdeutschen zu „Rache". Es vereinigt inzwischen Bedeutungen wie Groll, Rachsucht, Hass, Trotz, Verdruss, Bosheit, Ärger und Wut.

Solche Gefühlslagen kommen meist nicht von ungefähr und führen zu Sturheit und Eigensinnigkeit. Schade für denjenigen, der Sturheit an den Tag legt, dass es nie für

ihn spricht, sich so zu verhalten. Letztlich ist das ein Bumerang, der ihn selbst trifft und schmerzt. Vielleicht nimmt er sogar charakterlichen Schaden, so dass er „frack" oder „gefräckt" ist, also kaputt oder zerbrochen. Am Ende ist er vielleicht ein Wrack.

DING BOTZ SETZ ÄVVER SPACK

Wir müssen mal ein ganz heikles Thema ansprechen und uns mit einer rheinischen Redensart beschäftigen, die Freundschaften zerstören kann. Im Extremfall kann diese Form der Kommunikation sogar vor dem Schiedsmann enden. Gerade heutzutage, in der der allgemeine Selbstoptimierungswahn ausgebrochen ist. Die Menschen verbessern ständig an sich herum. Höher, schneller, weiter, größeres Auto, fernere Urlaubsziele, größere Fitness, bessere Figur. Da tut es weh, wenn der Kollege sagt: „Ding Botz setz ävver spack." Die hochdeutsche Version wäre etwa: „Deine Hose sitzt aber knapp." Man darf den Begriff „knapp" an dieser Stelle als Euphemismus bezeichnen. Ist doch tatsächlich gemeint: „Extrem eng, unansehnlich dick – bekommst du überhaupt noch Luft?" Angesichts dieser

Bedeutung kann man „spack" schon als beschönigend und äußerst diplomatische Redewendung bezeichnen.

Wir erleben ja immer wieder im Dialekt, dass selbst ernsteste Beschimpfungen wie „ein Wolf im Schafspelz" daherkommen. Da wird man vielleicht ein bisschen eingeschnappt, aber nicht wirklich böse sein. Dass „spack" aber kein modernes Thema ist, sondern schon über die Jahrhunderte hinweg Anwendung fand im gesellschaftlichen Miteinander, erkennt man daran, dass es laut LVR-Sprachforscher Peter Honnen ein sehr altes und sogar typisch rheinisches Wort mit langer Sprachgeschichte ist. Es hat seine Wurzeln im niederdeutschen Sprachgebiet, dazu gehören die norddeutschen Dialekte bis hinüber in die Niederlande. Es ist etwa als Wort „spahha" gleich „Reisig" oder „dürres Holz" bezeugt. Allerdings hat sich seine Bedeutung im Sinne von „eng" und „knapp" erst im 16. Jahrhundert und auch nur im Rheinland entwickelt. Schimpfwörter wie „Spacko", im Sinne von „dummer Mensch" oder „arm im Geiste", sollen damit auch in Verbindung stehen. Aber: Wenn die Hose spack sitzt, dann ist das nicht wirklich ein Drama. Denn hierzulande trifft der Begriff auf eine Mentalität, die gern als tolerant klassifiziert wird. Die Hose darf also kneifen, das wird man hier nicht eng, also spack, sehen.

WÄE FUUL ES,
ES OCH SCHLAU

Viele Hochgelehrte verfügen über hilfreiche Informationen, wie man das Leben erfolgreich meistert. Grundsätzlich gilt es als bürgerliche Tugend, arbeitsam und zielstrebig zu sein. Das belegen so manche Sinnsprüche wie „Ohne Fleiß kein Preis", „Früh krümmt sich, was ein Häkchen werden will" oder „Müßiggang ist aller Laster Anfang". Es spricht einiges dafür, dass Trägheit im allgemeinen gesellschaftlichen Ansehen nicht sehr hoch im Kurs steht. Da mag es paradox klingen, wenn der Rheinländer zu einem völlig anderen Schluss kommt. Zu besichtigen ist der in dem Satz: „Wäe fuul es, es och schlau!" Das ist auch für den Zugereisten nicht schwer zu verstehen. Es heißt auf Hochdeutsch: „Wer faul ist, ist auch schlau!"

Nun muss man wissen, dass der Ureinwohner des Landstrichs zwischen Koblenz und Düsseldorf keineswegs dumm oder vulgär ist. Vielmehr ist er hauptsächlich bekannt für seine äußerst dezidierte und geschickte Argumentationskette. Denn der Satz heißt nicht einfach: „Wer faul ist, ist schlau." Es heißt AUCH schlau. Dieses kleine, unscheinbare Wörtchen spannt einen ganz neuen Bedeutungshorizont auf, der nicht für ein paar Mark Fuffzig zu haben ist. Denn dieses AUCH gibt uns mit auf den Weg: Wer der schweren Arbeit abhold ist, sich ihr in gebotenem Maße entzieht, der handelt nicht grundsätzlich falsch. Es kann je nachdem auch eine positive Wirkung für das eigene Leben haben.

Man kennt das ja im Beruflichen wie im Privaten: Was man kann, muss man auch machen. Und schon hat man viel Arbeit am Hals. Da hat so mancher Schlauberger im Laufe der Zeit die Strategie entwickelt, seine beiden linken Hände zu promoten und zu pflegen. Interessanterweise war die damit verbundene Gewissheit bereits vor 2300 Jahren im Alten Testament der Bibel nachzulesen. Und zwar im Buch Prediger 1,18: „Denn wo viel Weisheit ist, da ist viel Grämens; und wer viel lernt, der muss viel leiden." Der Rheinländer weiß das auch schon lange.

DU DRIEHST DICH WIE'N KARR ÄSCH

Wer sich mit dem Dialekt beschäftigt, der stößt immer wieder auf alte Redewendungen, die man heutzutage kaum noch verstehen kann, weil sich die Alltagsbedingungen völlig verändert haben. Wenn man es positiv ausdrücken möchte, kann man an bestimmten Bonmots noch heute Gepflogenheiten früherer Zeit ablesen. So ist es mit der Redensart: „Du driehst dich wie'n Karr Äsch." Vor dem

Verstehen stehen zunächst die ordnungsgemäße Übersetzung und die Bedeutungserklärung. Auf gut Hochdeutsch würde man sagen: „Du drehst dich wie eine Karre Asche." So weit, so gut. Aber was soll das bedeuten?

Eine Mundartsprecherin schrieb uns die Redewendung auf und erläuterte dazu: „Meine Mutter benutzte diesen Ausdruck, wenn man sich ihrer Meinung nach zu langsam bewegte oder eine aufgetragene Arbeit zu langsam ausführte. Die Redewendung stammt aus der Zeit, als erstens noch mit Kohlen, Koks oder Briketts geheizt wurde, zweitens die Asche in Mülltonnen aus Blech entsorgt und diese wiederum von offenen, durch Pferde gezogene Karren abgeholt wurden. Damit kein unnötiger Staub entstand, achteten die Kutscher darauf, diese Karren nur sehr langsam zu bewegen und um die Ecken zu fahren. Nach der Einführung von geschlossenen Wagen bei der Müllabfuhr starb diese Redensart langsam aus."

Die übergeordnete Bedeutung ist wie so oft eine Verhaltensregel für den der Gemütlichkeit frönenden Nachwuchs. Wenn man eine Aufgabe übernommen hat, dann sollte man sie nicht nur erledigen, sondern auch zügig erledigen. Das entspricht übrigens auch einer Preußischen Tugend, die besagt: „Wichtiger als tätig sein ist fertig werden." Und selbst die Physik weiß davon in einem naturwissenschaftlichen Gesetz zu berichten. Es findet gediegenen Ausdruck in der Formel $L = A/Z$. Allgemeinsprachlich sagt man: „Leistung ist Arbeit in der Zeit". Und die Rheinländer wussten es zuerst.

DIE HÄT E FISTERNÖLLCHE

Wenn der Frühling kommt, hat auch jener Satz wieder Konjunktur. Okay, okay, er hat eigentlich immer Konjunktur. Es geht um: „Die hät e Fisternöllche!" Kern der Aussage ist der Begriff Fisternöllche, der sich für den Nicht-Rheinländer nicht automatisch erschließt, der aber sicher einer der wenigen typischen Lautungen ist, die über das Rheinland hinaus Bekanntheit genießen. Und das liegt daran, dass er so heimelig lautmalerisch klingt. Überhaupt die ganze Buchstabenkombination „n-ö-ll-che" klingt nach Rheinland pur.

Bevor wir dem Begriff als solchem und seiner Wortgeschichte nachspüren, erst einmal die Übersetzung ins Hochdeutsche: Sie hat eine heimliche Liebschaft. Wobei das Wort Liebschaft fast schon zu hoch gegriffen ist, vielleicht sollte man eher von Liebelei sprechen. Der Rheinländer scheint in der Lage zu sein, zeitlich begrenzte Partnerschaften zu pflegen, die nicht bierernst gemeint sind. „Fisternöll" kann aber nicht nur die Partnerschaft selbst, sondern auch die Partner als Personen bezeichnen.

LVR-Sprachforscher Peter Honnen erwähnt, dass „Fisternölles" im gesamten Rheinland auch „Bastelei, Fummelei, unbedeutende Kleinarbeit" bedeuten kann. Woher der Begriff aber stammt, dazu gibt es im Volksmund verschiedene Erklärungen. Demnach könnte es vom französischen „fils de noël" (für Christkind, als Ergebnis einer Karne-

valsliebschaft) stammen. Eine weitere Variante französischer Herkunft wäre „fils de neuille", das umgangssprachlich für „Nacht" steht. Es gibt noch weitere Ableitungen, von denen keine so stringent überzeugt, dass sie uns einen Aha-Effekt schenken würde.

Kommen wir aber auf das Christkindchen zurück, dann wäre das Fisternöll auch noch die Bezeichnung für das Ergebnis eines Fisternöllchens zwischen zwei Fisternöllen. Folglich kann das Wort also grammatikalisch-bedeutungstechnisch als Subjekt, Prädikat und Objekt erscheinen. Und das ist wohl sprachlich einzigartig in der Welt.

ZE POSCHTE KÜTT
DÄ HÖPPELEPÖPPEL

Diese Ausnahme muss jetzt mal sein. Wir wenden uns einem Satz zu, der so sicher keine rheinische Redensart ist. Aber: Es ist trotzdem in mancherlei Hinsicht interessant, sich damit zu beschäftigen. Denn der Satz, der so durchaus hin und wieder Anwendung finden könnte, sagt einiges über die Physiognomie unseres rheinischen Dialektes aus. Es geht um die frisch von uns erfundene Wendung: „Ze Poschte kütt dä Höppelepöppel." Wem die Vokabeln nicht

gleich geläufig sind, der mag sich vielleicht akustisch an das „Poppeköchekäppesche" erinnert fühlen. In dem „Puppenküchenköhlchen", also dem Rosenkohl, kommen ähnlich viele Umlaute vor. Und das wirkt immer besonders niedlich. Aber lassen wir einfach mal den Hasen aus dem Sack und übersetzen den Satz ins Hochdeutsche: „Zu Ostern kommt der (Oster-)Hase." Da wird einem vieles klarer. Der „Höppelepöppel" ist also der „Hase". Im Rheinischen kann man zwar auch schlicht „Has" zu dem vom Aussterben bedrohten Feldtier sagen, aber die längere Variante ist lautmalerisch viel anspruchsvoller, und man meint, das Tier über die Brache hoppeln zu sehen. Das vielfach damit verwechselte Pendant, das Kaninchen, wird übrigens im Dialekt als „Kning" bezeichnet – ohne Zweifel eine ganz starke Verkürzung des hochdeutschen Wortes Kaninchen.

Wortgeschichtlich ist allerdings der Begriff „Poschte" noch viel interessanter. Er ist im Neuen kölnischen Sprachschatz von Adam Wrede aus dem Jahr 1956 erwähnt. Demnach stammen „Posche" und „Poschte" vom jüdischen Passah-Fest ab. Es wurde aber im Rheinland seit Ende des 19. Jahrhunderts schon nicht mehr benutzt. Noch länger ist es allerdings nachweisbar in zusammengesetzten Begriffen wie „Poschwegge" (Osterweißbrot), „Poschlämmche" (Osterlamm) und „Poschdagsbeß" (das beste Kleid). Letzteres bezeichnet den alten Brauch zu Ostern, ein neues Kleid oder einen neu erworbenen Anzug anzuziehen. Das wurde in Teilen der Bevölkerung noch lange praktiziert. Und es symbolisiert die Erneuerung durch die Auferstehung.

DAT ES ÄVVE
ENE FIESE MÖPP

Man weiß im Rheinischen nie, ob ein Lob auch tatsächlich als Lob gemeint ist. Man muss schon genau hinhören, um eine ganz subtile Ironie herauszuhören. Ähnlich ist es mit den Verunglimpfungen. Ein Satz, der sich auf Anhieb erst einmal schwer beleidigend anhört, kann in Wirklichkeit beinahe liebkosend gemeint sein. Oder er klingt einlullend, hat aber nachhaltig abwertende Bedeutung.

In dieses Minenfeld treten wir mit dem Satz: „Dat es ävve ene fiese Möpp." Die Redewendung klingt so gefällig, dass sie im Laufe der Zeit in den Allgemeingebrauch im Hochdeutschen übergegangen ist. Dort kennt man den Satz auch: „Das ist aber ein fieser Möpp." Wobei er interessanterweise anwendbar ist, ohne dass man genau weiß, was „Möpp" eigentlich heißt. Die Antwort ist so kurz wie einleuchtend: Der Möpp ist ein kleiner Hund. Und man kennt sie ja, diese kurzbeinigen Hündchen, die fehlende körperliche Präsenz mit kläffender Aufdringlichkeit kompensieren. Wir möchten an dieser Stelle keinem Hund und keinem Hundefreund zu nahe treten, aber der Befund ist sicher allgemein nachvollziehbar.

Mundartsprecher Ernst Mainusch berichtet davon, dass der Satz früher sehr gebräuchlich war, und zwar oft mit

dem Zusatz „der kann sich selevs net rüche" (der kann sich selbst nicht riechen). Das ist natürlich noch einmal eine deutliche Steigerung. Da ist jemand, der nicht nur anderen unangenehm aufstößt, sondern sogar so fies ist, dass er sich selbst nicht leiden kann. Diese Form von Selbsterkenntnis ist nicht jedem gegeben, kann aber hilfreich sein auf dem Weg der Besserung.

Der Begriff „Möpp" ist übrigens auch noch anderweitig einsetzbar. So bedeutet etwa „ich han de Möpp", dass jemand keine Lust zu etwas hat oder regelrecht schlecht gelaunt ist. Und die „wölle Möpp" ist eine wollene Unterjacke.

So oder so ist der Ausdruck der Enttäuschung über das Gegenüber, sowohl als Dokument der Überraschung als auch der Warnung anderen gegenüber, zu interpretieren. Denn vor so einem Typen sollte man sich auf jeden Fall in Acht nehmen.

DER HÄT DE RÖGGELSCHE WÄRM

Unter den rheinischen Redensarten gibt es – wie im echten Leben auch – die weniger Beachteten und die waschechten Stars. Letztere sind Formulierungen, die gerne genutzt werden, schön klingen oder vielleicht sogar Eingang ins heimische Liedgut gefunden haben. Alle drei Charakteristika weist unser Satz auf: „Der hät de Röggelsche wärm." Wobei hier die Popularität noch lange nichts darüber verrät, wie stringent sich solch ein Satz übersetzen und erklären lässt. Was zum Teufel bedeutet es, „de Röggelsche wärm" zu haben?

Da müssen wir einmal die experimentelle Begriffsarchäologie bemühen: Das „Röggelchen" ist ein typisch rheinisches Brötchen, das hauptsächlich aus Roggen gebacken wird. Es wurde in Zeiten beliebt, als Weizen ein teures Getreide und Roggen günstig war. Besonders erwähnenswert ist die klassische Form des Röggelchen, das wie zwei kleine längliche Brote aneinandergebacken wird. Apropos Backen: Das Ganze erinnert ein wenig an ein handelsübliches Hinterteil. Und damit haben wir auch schon das Signalwort ausgesprochen. Wir nähern uns der hochdeutschen Übersetzung: „Der hat den Hintern warm."

So kommt es auch in dem bekannten Seniorenversteherlied „He deit et wih" von den Bläck Fööss vor. „Et Föttche wohr heiss, un de Röggelsche wärm." Nach allem, was wir

bisher wissen, wäre diese Zeile eine inhaltliche Doublette, oder wie man in der Literaturwissenschaft so schön sagt: eine philologische Verdopplung. Tatsächlich ist es aber eine Steigerung, wenn man bedenkt, was die Redensart tatsächlich ausdrückt. Denn es geht am Ende um einen Kneipenbesucher, der so lange an der Theke gesessen hat, dass er einen warmen Hintern hat und quasi wegen des langen Sitzens ordentlich einen sitzen hat. Kurz: Der Zeitgenosse ist ziemlich amtlich betrunken. Und genau dann sagt man, er hat „de Röggelsche wärm". Erstaunlich, dass dies mit einer Kulinarie erläutert wird, die sonst im Rheinland in Verbindung mit Käse, Zwiebeln, Senf als die identitätsstiftende Spezialität „Halver Hahn" firmiert.

HÜCK KÜTT DE ALTRÜÜSCHER

Es gibt alte Formulierungen, die bereits ganz aus der Mode gekommen zu sein schienen. Aber wie das so ist mit modischen Strömungen: Es kommt vieles wieder. So ist das auch mit dem Satz: „Hück kütt de Altrüüscher." Auf den ersten Blick sticht eine phonetische Auffälligkeit ins Auge: Die vielen Üs. Das gibt es nur im Türkischen und Rheinischen und führt zu einem speziellen Hörerlebnis.

Abgesehen davon heißt der Satz ins Hochdeutsche übersetzt: „Heute kommt der Lumpensammler." Wobei mit Lumpen eigentlich neben Lappen und Papier der metallische Schrott gemeint ist. Wer in der Altersklasse ist, dass er den Lumpensammler noch selbst erlebt hat, der hat das Bild vor Augen: Alle paar Monate hörte man schon von weitem eine Handglocke läuten. Und auf einem Anhänger, der wahlweise von einem Pferdegespann oder einer motorisierten Fräse gezogen wurde, kam der Lumpensammler langsam durch die Straße gezogen. Natürlich wusste jeder, wann er kam und hatte schon etwaigen Schrott bereitgelegt. Man muss nicht erwähnen, dass Müll und Schrott damals noch nicht Wertstoff hießen, und die kommunale Müllannahmestelle trug noch nicht die Bezeichnung „Wertstoffhof". Was nicht mehr brauchbar war, war Müll, und von dem trennte man sich gerne. Und weil solcher Art das Geld auf der Straße liegt, das wusste man schon immer, fahren die Lumpensammler am Ende des Tages die dicksten Autos. Das Geschäft mit altem Eisen ist eben lukrativ. Und das gilt heute mehr denn je. Der Weltmarkt braucht Metall, und so steigt auch dessen Preis stetig. Die Polizeimeldungen, die die Presse erreichen, berichten von abmontierten Oberleitungen, Metallzäunen und sogar Schienen. Es scheint sich zu lohnen.

Woraus sich der Begriff „Altrüüscher" entwickelt hat, ist indes nicht ganz eindeutig. Sprachforscher weisen auf das mittelhochdeutsche Wort „Altriuze" hin, das einen Schuhflicker bezeichnete und im Oberdeutschen noch als „Altreise" für Altwarenhändler existiert. Im Rheinischen hat

man noch ein weiteres Synonym für den „Altrüüscher",
das ist der „Klüngelskerl". Und vom Klüngel versteht man
ja etwas in Köln.

DO KANNS MER ENS DE NAACHE DEUE

Würde man eine Hitparade der rheinischen Redensarten
erstellen, dann wäre diese regelmäßig auf einem der obe-
ren Plätze. Deswegen wird es Zeit, dem Druck der Straße
nachzugeben und dem Satz auf den Grund zu gehen: „Do
kanns mer ens de Naache deue." Es spricht einiges dafür,
dass der Satz klanglich und atmosphärisch leicht verständlich ist, auch wenn einem nicht alle Vokabeln direkt
präsent sind. Allein der Anlauf: „Du kannst mir mal ..."
lässt vermuten, dass hier der Antrag eines Mitmenschen
abschlägig beschieden werden soll.

Aber lassen wir uns mal auf das Sprachbild ein. „Deuen"
bedeutet „drücken" oder „schieben". Die Niederländer
schreiben an dieser Stelle „duwen", sprechen aber „dü-
wen". Interessant ist, dass das Rheinische durchaus sehr
stark verwandt ist mit dem Niederländischen. Während

diese Sprachschicht hierzulande auf dem Dialektstatus geblieben ist, haben unsere Nachbarn sie zur Hochsprache gemacht. Sie ist also in den Niederlanden der Standard.

Man könnte vermuten, dass „Naache" möglicherweise „Nacken" heißen könnte. Dann läge das Bild „Buckel runterrutschen" nahe. Tatsächlich heißt „Naache" in Ableitung des hochdeutschen „Nachens": „Kahn" oder „Boot". Und deshalb bedeutet der Satz zusammengenommen: „Du kannst mir mal das Boot anschieben!"

So oder so ist das ein Synonym dafür, dass das Gegenüber tun kann, was es will, es wird beim Adressaten keine Anerkennung finden. Und das ist ja eine Botschaft, für die der Rheinländer die verschiedensten Sätze im Repertoire hat. Denn das scheint in der Provinz Rhenania eine der wichtigsten Tätigkeiten zu sein, sich verbal äußerst geschickt vom ungeliebten Mitmenschen abzugrenzen, ohne dass es diesem schmerzhaft auffallen müsste. Denn die verklausulierte Beschimpfung ist das Spezialgebiet des Rheinländers. Das mag mit seiner Sensibilität zu tun haben, die sich durch viele Jahre Fremdherrschaft entwickeln konnte. Ja, unter der Ägide der Römer, Franzosen und Preußen war es geradezu eine Überlebensstrategie, die eigenen Ressentiments nicht allzu plakativ in Worte zu fassen. Das hat gut geklappt.

DRING, DON DÄ VRENGEL VÜR DE PORZ, DE SÄU JON TALPE

Die hier ist eine echte Herausforderung für jeden Freund der rheinischen Redensarten. Aber ich kann schon mal versprechen: Es lohnt sich. Denn selbst wenn dieser Satz bei weitem nicht zum Standardmobiliar des handelsüblichen rheinischen Sprachschatzes gehört, so weist er doch einige Merkmale auf, die uns an dieser Stelle immer wieder begegnen.

Aber zunächst zur schnöden Übersetzung: „Dring, don dä Vrengel vür de Porz, de Säu jon talpe." Hier haben es wenigstens die Nichtrheinländer mit gleich mehreren erklärungsbedürftigen Vokabeln zu tun. Da wäre zunächst „Dring", was die direkte namentliche Ansprache einer Person darstellt. Es ist Katharina, die im Dialekt mit „Tring" oder „Dring" abgekürzt wird. Der „Vrengel" ist ein „Riegel", und die „Porz" bezeichnet die „Türe" oder das „Tor". Schwierig ist vielleicht noch das Verb „talpe". Im engeren Sinne bedeutet das „gehen", üblicherweise ist die Bedeutung aber eingeengt auf eine Fluchtbewegung. Nimmt man also alles zusammen, so bedeutet der Satz wörtlich: „Katharina, leg den Riegel vor das Tor, die Schweine wollen fliehen." Alltagsnäher könnte man auch sagen: „Katharina, mach das Tor zu, sonst hauen die Schweine ab."

Nun wird der Satz meistens mit einiger Hast und in dringlichem Ton gesprochen, so dass man gleich merkt, hier ist Gefahr im Verzug. Jetzt mag jemand einwenden: Aber diese Situation kommt doch heutzutage kaum noch im Alltag vor. Sie stammt wie so oft bei rheinischen Redewendungen aus dem landwirtschaftlichen Leben, das inzwischen nicht mehr zur Lebenswirklichkeit der meisten Menschen gehört. Da sagen wir: Ganz genau. Und deshalb müssen wir auch seine übergeordnete Bedeutung beleuchten. Denn der Satz wird immer dann benutzt, wenn man schnell handeln muss (sic!). Es gibt sie ja noch, die Alltagssituationen, in denen fix zu reagieren ist. Dann nützt es auch nichts, sich erst einmal hinzusetzen und ausführlich nachzudenken. Es gilt vielmehr der Satz von Mephisto in Goethes Faust: „Vergebens, dass Ihr ringsum wissenschaftlich schweift, ein jeder lernt nur, was er lernen kann, doch der den Augenblick ergreift, das ist der rechte Mann." Oder Frau.

WAT BESS DO
AM SIMMELIERE?

Der Rheinländer trägt die ganze Welt in sich. Deshalb kann er sehr ambivalent sein. Wenn er etwas Wichtiges zu sagen hat, dann kann er sich kurz und knapp fassen. Er kann aber auch ganz weit ausholen und sein Thema paraphrasieren. Er ist quasi ein Gegenentwurf zum Sprachphilosophen Ludwig Wittgenstein, der einst knapp postulierte: Alles was sich sagen lässt, lässt sich klar sagen! Und weil er die ganze Kompliziertheit unseres Daseins in sich vereint, muss er sich manchmal sehr lange, ausgiebig und intensiv mit einer Sache auseinandersetzen. Bevor sich der hiesige Eingeborene oder Nativspeaker seiner Lieblingsbeschäftigung – dem Reden – widmen kann, muss er erst einmal nachdenken. Und zwar lang, breit und tief.

Hier kommt unsere rheinische Redensart zum Einsatz: „Wat bess do am simmeliere?" Auf Hochdeutsch würde das in etwa heißen: „Worüber denkst du nach?" Dabei ist zu beachten, dass „denken" nicht einfach das handelsübliche „nachdenken" bezeichnet, sondern vielmehr „grübeln", „brüten", „intensivst und geradezu versunken überlegen". Das inhaltlich und von der Form her ähnlichste Wort im Hochdeutschen ist wohl „sinnieren". Man möchte es kaum glauben, aber der Begriff „simmelieren" wird keineswegs exklusiv zwischen Düsseldorf und Koblenz benutzt. Auch der Kohlenpott und die Hessen kennen und lieben das

Wort, wenn auch mit leicht abgewandelter Schreib- und Sprechweise.

Es ist ein bisschen verwandt mit dem „simulieren", das wiederum ganz ursprünglich vom lateinischen „similis" abstammt, das so viel heißt wie „ähnlich". Ich muss zugeben, das klingt alles ziemlich kompliziert und nicht gerade stringent. Man muss schon ein bisschen drüber simmelieren. Einige Volksmünder behaupten übrigens, dass sich der Begriff vom Schriftsteller Johannes Mario Simmel herleitet, der bekanntlich dicke Schmöker geschrieben und sich ausführlich mit seinen Themen beschäftigt hat. Unabhängig davon kann man sich einen simmelierenden Menschen ganz gut vorstellen, der sein Kissen ins Fenster gelegt hat, das Geschehen auf der Straße beobachtet und über die Welt am simmelieren is.

WATT E WEDDER WIDDER WAT MARIE?

Das Schöne am Dialekt ist, dass es darin Steigerungsformen gibt, die nicht dem Dudendeutsch entsprechen – auch nicht sinngemäß. Die steigern dann sogar den Su-

perlativ. Und zwar so stark, dass es quietscht. Zum Beispiel das Wortfeld Wetter. Ist der Regen unangenehm, dann heißt es „Drisswedder" (muss man nicht übersetzen). Wenn dazu noch kalte Luftfeuchtigkeit kommt, dann ist das „Wedder usselich". Ist die Witterung dagegen gut, dann ist das „schön Wedder" oder „prima Wedder". Der Superlativ würde dann, wie der Name schon andeutet, „Superwedder" lauten. Und dann gibt es noch die besagte Steigerung der höchsten Steigerung, im Hochdeutschen nur zu vergleichen mit eigentlich verbotenen Wendungen wie „am Optimalsten". Dann ist das Wetter noch schöner als schön, ja, noch schöner als super. Etwa wie in diesen Tagen, wo alle Zeitgenossen entweder auf dem Fahrrad oder im Baumarkt unterwegs sind. Dann verdient das nur einen Ausdruck der über die Maßen gesteigerten Bewunderung. Da sagt der Rheinländer diesen Satz, so schnell er ihn aussprechen kann: „Watt e Wedder widder wat Marie?" Dieter Thomas Heck, den Zeitgenossen noch als schnellsprechenden Mister Hitparade kennen, wäre neidisch.

Auf gut Hochdeutsch würde der Satz wohl übersetzt mit: „Welch ein Wetter wir heute wieder haben, was, Wilma?" Natürlich erhält der Satz seine Prägnanz aus dem Sprachrhythmus, der unbedingt aufhorchen lässt. Dabei ist seine Bedeutung, wie viele rheinische Ausdrücke, durchaus ambivalent. Man kann ihn auch für das Gegenteil einsetzen. Etwa wenn es besonders plötzlich besonders intensiven Niederschlag gibt. Der Meteorologe spricht dann von einem Starkregenereignis, und die Warn-App-Nina beginnt Stunden vorher zu heulen.

Natürlich weiß der Rheinländer, dass die häufig gewordenen Wetterextreme weniger mit dem Wetter im Sinne von zeitlich begrenztem Ereignis als vielmehr mit dem Klima und seinem Wandel zu tun haben. Dafür hat sich im Dialekt bisher noch kein passender Begriff etabliert.

DÄ JLISCH SINGEM VATTE WIE JEKOTZ ON JEDRESSE

Die rheinische Umgangssprache kann zuweilen eine derbe Ausprägung haben. Das passiert leicht, weil der Wille, die Dinge ganz direkt, kurz und knapp auf den Punkt zu bringen, auf ein besonderes Faible für bildhafte Sprache trifft. Und schon ist es passiert. Das gilt auch für die Redensart: „Dä jlisch singem Vatte wie jekotz on jedresse".

Um es gleich vorweg zu sagen: Dieser Satz hat auf den ersten Blick nicht viel mit Logik im Sinn. Deshalb gehen wir ohne Umschweife an die wörtliche Übersetzung ins Hochdeutsche und kommen seinem Sinn schon näher: „Der gleicht seinem Vater wie von ihm selbst ausgeschieden." Die einigermaßen vornehme Übersetzung hievt uns auch über die Verständnishürde. Väter, auf die dieser Satz schon einmal gemünzt wurde, nehmen die Kernaussage in der Regel mit Stolz entgegen. Das hat mit der anthropologischen Konstante zu tun, dass eine Mutter immer sicher sein kann, dass das Kind von ihr stammt. Beim Mann ist das dagegen kein Automatismus. Es gibt Wissenschaftler, die sagen, deshalb habe es die Natur so eingerichtet, dass Kinder eher dem Vater als der Mutter ähneln, damit die Herren dieser Schöpfung (sic!) auch treu ihrer Brutpflegepflicht nachkommen. Denn die gemeinsame Aufzucht ist dem Erhalt der Spezies des nackten Affen förderlich.

Ohne Zweifel hat sich der Satz entwickelt, bevor es den Vaterschaftstest per DNA-Analyse gegeben hat. Aber schön für den Betroffenen ist es, wenn beide Instanzen in die gleiche Richtung weisen. Jetzt lässt sich denken, dass besonders liberale Zeitgenossen sagen: Ist doch egal, ob eigener Filius oder Kuckucksei, Hauptsache, das Kind ist glücklich. Dagegen spricht allerdings der Befund, dass viele rheinische Redensarten aus einer Zeit stammen, als das dörfliche Leben noch von der Landwirtschaft geprägt war. Von Ackerbau und Viehzucht. Und da galt ein guter Stammbaum viel. Da entsprach es dem Überlebensinstinkt, an die Güte des eigenen Besitzes zu glauben. Der Rest ist Schweigen.

DAT DUDEHEMP, DAT HÄTT KEEN TÄSCH

Der Rheinländer hat ohne Zweifel zwei große Themen, die sein Herz bewegen. Das sind zum einen der Alltag und alles, was damit zu tun hat. Und wie man sich darin am besten, erfolgreichsten und geschicktesten verhält. Zum anderen stehen bei ihm aber auch die sogenannten letzten Dinge hoch im Kurs. Tod, Teufel und Abgesang. Man könnte zusammenfassen, der Rheinländer interessiert sich für Himmel und Ääd.

Eine beinahe geniale Erkenntnis offenbart sich in diesem Zusammenhang in der rheinischen Redensart: „Dat Dudehemp, dat hätt keen Täsch." Es ist nicht sehr kompliziert, den Satz zu verstehen. Auch der Imi ist schnell im Thema: „Das Totenhemd, das hat keine Tasche." Und dies ist eine weitreichende Erkenntnis, die unser Leben im Hier und Jetzt beeinflussen dürfte. Denn es ist der Fingerzeig an alle, die einen wie auch immer gearteten Besitz ihr Eigen nennen. Sei es nun ein Haufen Geld, viel Land, Häuser und/oder Klunker jeder Form. Für all das gibt es keinerlei Möglichkeit, es in der Todesstunde mit ins Jenseits zu nehmen. Und die Moral von der Geschicht': „Gib aus, was du hast! Gebe es für Nützliches! Sei spendabel! Tue Gutes damit!"

Dieses Wissen ist nicht neu. Schon in der Bibel steht in Psalm 90: „Lehre uns bedenken, dass wir sterben müssen,

auf dass wir klug werden." Ein kleiner schöner Satz, den man sich nicht oft genug bewusst machen kann. Der in seiner Bedeutung vielfach unterschätzte Kölner Sänger Gerd Köster entblättert die genannte Thematik in seinem aktuellen Song „Nix metnemme". Da heißt es etwa: „Du kannst einen SUV haben, mit einer eigenen Postleitzahl, aber du darfst nichts mitnehmen. Frag doch mal den Teufel, frag den lieben Gott. Du darfst nichts mitnehmen."

Auch die Psychologie hat das Thema gestreift mit ihrer Typenlehre. Da wird unter anderem der ökonomisch orientierte Mensch identifiziert, der seine Handlungen an der Gewinnmaximierung ausrichtet. Und – quasi als Gegenentwurf – gibt es den Menschen, der auf die höheren Werte bedacht ist. Letzterer weiß, er kann nix metnemme!

DER HÄTT MATTES
EN DE MAUE

Dem Thema „Mattes" könnte man bei der Begutachtung des rheinischen Dialektes ein ganz eigenes Kapitel widmen. Der Name erscheint nämlich in etlichen Redensarten und kann Synonym für verschiedene Begriffe sein.

Einer der schönsten Sätze lautet: „Der hätt Mattes en de Maue." Die beiden zentralen Begriffe sind sicherlich für den Zugereisten erklärungsbedürftig. „Maue" heißt im zentralen Rheinland so viel wie „Arme". Bei der Bedeutungserklärung für „Mattes" muss man dann schon ein bisschen weiter ausholen. Denn mit „Mattes" ist der „Heilige Matthias" bezeichnet, der in katholischen Kerngebieten als Schutzpatron der Fleischer und Metzger gilt. Wenn man an deren Arbeit mit dem Fleischerbeil denkt, assoziiert man unwillkürlich kraftvolles Schlagen. Folglich steht der Begriff „Mattes" hierzulande für „Kraft" und „Stärke". Unsere Redensart heißt also im Hochdeutschen so viel wie: „Der hat aber Kraft in den Armen." Man kann sich sehr gut einen Mann mit manierlichen Muskelpaketen vorstellen.

Der Heilige Matthias steht aber auch für unheilvolle Vorahnungen. Wir hatten an anderer Stelle schon mal den Satz erwähnt: „Mattes, der de Lamp usblöhs" (Matthias, der die Lampe ausbläst). Wie LVR-Sprachforscher Peter

155

Honnen erläutert, gibt es den Volksglauben, dass Menschen, die zwischen 0 und 1 Uhr in der Matthiasnacht (die Nacht zum 24. Februar) geboren sind, hellseherische Fähigkeiten besitzen. Ja, sie seien in der Lage vorauszusehen, wer im nächsten Jahr sterben wird. Das klingt alles sehr gespenstisch und gehört nicht gerade in das Bedeutungsspektrum des Wortes „Stärke".

Man könnte auch auf den Gedanken kommen, dass „Mattesöößje" von eben jenem Wortstamm abgeleitet ist. Es bezeichnet im Rheinischen das „Gänseblümchen", stammt aber nicht vom Matthias ab. Vielmehr hilft der Blick auf das benachbarte Niederländische. Dort heißt das kleine Pflänzlein „Madelief". Und „Made" oder „Matte" bedeuten so viel wie „Wiese" oder „Weide". Die wörtliche Übersetzung wäre dann also „Wiesensüßchen" – durchaus sehr treffend.

ICH BEN DOCH NET DINGE BONNES!

Der Rheinländer ist gerne sein eigener Herr. Er lässt sich nicht gern bevormunden, und er lässt sich auch nicht gerne fremdbestimmen. Das schließt für viele schon rein

logisch die Möglichkeit einer glücklichen Ehe aus – hört man hier und da. Die genannte Disposition hat auch zur Folge, dass der Ortsansässige ungern Handlangerarbeiten verrichtet. Sicher ist das eine allgemeinmenschliche Tendenz, in Höhe des mittleren Rheins ist sie aber offenbar besonders intensiv ausgeprägt. Ausdruck dessen ist auch die rheinische Redensart: „Ich ben doch net dinge Bonnes!" Das Ausrufezeichen weist schon darauf hin, dass der Satz meist mit einer besonderen Verve geäußert wird. Für den Neubürger hängt das Verständnis sicher an der einen Vokabel: „Bonnes". Was zum Teufel ist ein „Bonnes"? Hat das vielleicht sogar etwas mit Bonn, der heimeligen Bundesstadt, zu tun?

Die Lösung liegt in diesem Fall im Niederländischen. Wir hatten an verschiedenen Stellen schon erwähnt, dass die Hochsprache unserer Nachbarn viele gemeinsame Wurzeln mit dem rheinischen Dialekt hat. Der wichtige Unterschied ist, dass diese Sprache bei uns keinen Eingang in die Hochsprache gefunden hat und als gesprochener Dialekt ein Leben auf der Straße und dem Sportplatz fristet. Das bedeutet aber auch, dass dieser prinzipiell immer vom Aussterben bedroht ist. Im allgemeinen Wörterbuch der niederländischen Hochsprache dagegen hat diese Sprache – wenn auch mit lokalen Abweichungen – Eingang gefunden. Und das hilft uns auch bei „Bonnes". Denn unsere Nachbarn kennen den „Bönhas" oder „Beunhaas". Sinngemäß bedeutet der Begriff dort: „ungelernter Handlanger", aber auch „Pfuscher" und „Schwarzarbeiter". Und das deckt sich auch mit den Aussagen des Mundartsprechers, der uns den Satz zugeschickt hat. Demnach wäre die Übersetzung in etwa: „Ich erledige doch nicht deine Drecksarbeit" oder „Ich lass mich von dir nicht ausnutzen". Ganz ehrlich: Das tut ja wohl niemand gerne. Und das ist auch menschlich, allzu menschlich.

ISCH HANN ET ÄRME DIER

Sie sind in der Regel leutselig und mitreißende Stimmungskanonen: die Rheinländer anundfürsich. So weit das allgemeine Urteil über die Menschen am hiesigen Strom. Es wird aber in der freien Wildbahn auch zuweilen etwas ganz anderes beobachtet. Dann passt die rheinische Redensart: „Isch hann et ärme Dier." Was die Vokabeln angeht, ist der Satz nicht besonders hürdenreich. Die Übersetzung ins Hochdeutsche ist schnell geleistet: „Ich habe das arme Tier." Doch das hilft nicht viel weiter. Man möchte meinen, hier liegt eine übergeordnete Bedeutung vor, der wir uns akribisch nähern müssen.

Es gab schon einmal die Idee, einen Bezug zur französischen Vokabel „amertume" herzustellen, was mit „Kummer", „Leid" oder „Sorge" zu übersetzen wäre. Sprachwissenschaftler halten diesen Ansatz allerdings für eine

klassische Volksetymologie, die zwar plausibel klingt, aber falsch ist. Naheliegender ist eine Kombination aus wörtlicher Übersetzung und dem psychologischen Phänomen, dass man seelische Befindlichkeiten verdinglicht oder personifiziert, von sich abspaltet, um sie handhabbar zu machen. So bedeutet die Aussage, man habe „das arme Tier", dass man eine starke Melancholie empfindet und total deprimiert ist. Das kann ein kurzfristiger Befund sein, manchmal in Verbindung mit starkem Alkoholkonsum auftretend. Wenn das Gefühl allerdings chronisch wird, dann nennt man es in der Regel Depression, heutzutage auch Burnout.

Wie auch immer der Name ist, wenn ein Rheinländer et ärme Dier hat, dann ist er tieftraurig, untröstlich und nicht am Lebensalltag interessiert. Das Sprachbild transportiert allerdings die berechtigte Hoffnung, dass es nicht lange dabei bleiben muss, denn man hat ein kleines Tierchen vor Augen, das einem praktisch nur zugelaufen ist.

Das rheinische Urgestein, Diakon Willibert Pauels, der als ne bergische Jung im Karneval viel intelligenten Frohsinn verbreitet, war auch einmal von einer Depression betroffen und fand dafür das Bild des schwarzen Hundes, der einen unverhofft anfällt. So schlimm das auch immer den Seelenhaushalt in Unruhe versetzt, ist es doch ein Ansatzpunkt, seine Lebensführung zu ändern. Es ist die Aufforderung, sich von belastendem und stressigem Verhalten zu trennen. Dann schickt man das ärme Dier einfach wieder weg. Am besten auf Nimmerwiedersehn.

DAT SIN DEM PASTUR SING DUVE

Der christlich-katholische Glaube scheint Teil der DNA des herkömmlichen Rheinländers zu sein. Der Kirchgang am Sonntag etwa war zumindest lange obligatorisch. Auch wenn die Männer meist hinten im Kirchraum stehen blieben, um gegebenenfalls rasch den Rückzug antreten zu können. Ein aussichtsreicher Thekenplatz für den Frühschoppen ist dann das höchste Ziel. An dieser Szene kann man schon die pragmatische Grundhaltung des Rheinländers gegenüber der Kirche ablesen. Praktizierter Glaube ja, aber übertriebener Konvertiteneifer nein. Ja, er scheint immer eine kleine ironische Abgrenzung in der Hinterhand zu haben.

Das erkennt man auch bei der rheinischen Redensart: „Dat sin dem Pastur sing Duve." Übersetzung ins Hochdeutsche: „Das sind die Tauben des Pastors." Aber wer oder was ist damit gemeint? Wer sich jetzt auf seine Bibelfestigkeit besinnt, gerät schon auf Abwege. Denn in der Bibel steht die Taube in allererster Linie mal für den Heiligen Geist. Und dann ist sie noch die Friedenstaube, die nach der Sintflut den neuen Bund zwischen Gott und den Menschen darstellt. Diese Symbolik ist aber hier ganz und gar nicht angesprochen. Leider ist und bleibt dieser Erklärungsansatz eine Sackgasse!

Ja, das Ganze hat einen viel profaneren und handfesteren Hintergrund. Denn es ist gemeint, dass die „Tauben des Pastors", ebenso wie er selbst, ganz in Schwarz gekleidet sind. Die augenzwinkernde Bemerkung richtet sich also ganz offensichtlich gar nicht auf die christliche Symboltaube, sondern auf die schwarzgefiederten Raben und Krähen. Und so kann es sein, dass der Hinweis auf die „Tauben des Pastors" heutzutage öfter auftaucht als in der Vergangenheit, denn die Krähen haben sich in den vergangenen Jahren rasant vermehrt. Sehr zu Ungunsten der heimischen Singvögel. Schon ist die Rede von einer Krähenplage. Allerdings steht die Vogelart nach wie vor unter Artenschutz. Und da hat der Pastor noch nicht mal was mit zu tun.

JETZ ÄVVER JALLA

Wir müssen uns an dieser Stelle einmal einem ganz besonderen sprachlichen Phänomen des Rheinischen widmen. Und zwar ist das ausnahmsweise mal kein Griff in die Mottenkiste, sondern eine ganz aktuelle Entwicklung. Wir hatten schon verschiedentlich festgestellt, dass die rheinische Umgangssprache sehr empfänglich ist für Impulse von außen. So sind im Laufe der Jahrhunderte

zahlreiche Wörter aus anderen Sprachen eingewandert. Und zwar ganz besonders dann, wenn es eine räumliche Nähe dazu gab. So sind bis heute alte römische Begriffe nachweisbar, die aus der Besatzungszeit der alten Römer nach der Zeitenwende datieren. Ähnlich verhält es sich mit französischen Begriffen, die immer wieder ihre Spuren hinterlassen haben. Eine intrinsische Einwanderungsgeschichte haben Wörter aus dem jiddischen Kulturkreis und der Räubersprache. Und diese Entwicklung der ständigen und unablässigen Veränderung der Alltagssprache ist logischerweise noch nicht zu Ende. Ja, sie wird nie an ein Ende gelangen.

Wie Georg Cornelissen, LVR-Sprachforscher, in seinen Publikationen darlegt, gibt es inzwischen sogar Zusammensetzungen von rheinischen Wörtern mit englischen Ausdrücken. Das hängt wohl damit zusammen, dass das Englische inzwischen allgegenwärtig ist und nach und nach unseren Alltag erobert hat. So kann man auf T-Shirts lesen: „Have me leev or driess dir jet" („Hab mich lieb oder mach, was du willst"). Ein örtliches Geldinstitut wirbt mit dem Slogan: „Banking op Kölsch." Und zur Weihnachtszeit heißt es: „X-Mas op Kölsch."

Natürlich muss es nicht immer die englische Sprache sein, die für Anleihen herhalten muss. Das beweist unsere heutige rheinische Redensart: „Jetz ävver Jalla." Dabei handelt es sich um eine typisch knappe Wendung, die man beinahe für reinrassig rheinisch halten könnte. Wenn da nicht das Wort „Jalla" enthalten wäre. Das stammt nämlich

tatsächlich aus dem arabischen Sprachraum und bedeutet so viel wie „Beeilung" oder „Los geht's". Zusammengenommen würde die hochdeutsche Übersetzung lauten: „Jetzt aber schnell". Die Tatsache, dass der Satz mit äußerster Kargheit formuliert ist, unterstreicht noch die Forderung nach besonderer Eile. Und damit sind wir ja auch gut in der Gegenwart gelandet. Denn heute, so hat man den Eindruck, dreht sich alles immer schneller. Und darauf reagiert auch die Sprache.

JETZ JIT ET ÄVVER ASKA MET SCHOHNÄJEL

Manche Redewendungen kommen irgendwann ganz unmerklich aus der Mode. Das kann die unterschiedlichsten Gründe haben. Etwa, dass sich der Zeitgeist gewandelt hat, oder die Technik ist eine andere. Im vorliegenden Fall sind es die Erziehungsmethoden, die sich in den vergangenen Jahrzehnten sehr stark umgeprägt haben. Die Redensart, die eigentlich im Rheinland und darum herum jeder verstehen dürfte, lautet: „Jetz jitt et ävver Aska met Schohnäjel." Diese Ansage kam in früheren Zeiten in der Regel vom Haushaltsvorstand, dem Vater, der dem widerspenstigen

Nachwuchs mittels körperlicher Gewalt eine Lektion zu erteilen gedachte. Die Übersetzung ins Hochdeutsche könnte also schlicht heißen: „Jetzt gibt es Prügel".

Diese Art der Wissensvermittlung ist heutzutage nicht mehr gut angesehen. Und das mit Recht. Denn man weiß, dass es Kindern nicht gut tut, mit Gewalt erzogen zu werden. Das gilt für die körperliche wie die psychische Variante. Aktuell hört man in Kindertagesstätten eher Sätze wie: „Sören, möchtest du jetzt deine Allwetterjacke überstreifen?" Man könnte den Eindruck haben, das Pendel ist erzieherisch jetzt in die andere Richtung ausgeschlagen.

Interessant an „Aska mit Schuhnägeln" ist Zweierlei. Erstens gibt es den Ausdruck überall im Rheinland nördlich der Mosel. LVR-Sprachforscher Peter Honnen hat verschiedene Varianten dokumentiert. So etwa: „Aschka mit Schimmela und Aska mit Kanulla". Zweitens ist bemerkenswert, dass völlig unklar ist, was „Aska" genau heißt. Diese Vokabel wird alleinstehend nicht eingesetzt, auch wenn sie im kompletten Satz nachweislich seit dem 19. Jahrhundert in verschiedenen Mundarten in Gebrauch ist.

Aktuell gibt es nur einen Erklärungsansatz, der führt „Aska" auf das Jiddische zurück. Dort gibt es das Wort „Aske", was so viel heißt wie „Handel". Es könnte also grob heißen: „Jetzt gibt es Händel mit Schuhnägeln". Da würde dann nicht nur mit der Hand geschlagen, sondern mit dem Schlappen, der mit Schuhnägeln besetzt ist. Keine schöne Vorstellung, die hoffentlich der Vergangenheit angehört.

PASS OP, DAT ES ENE FÖTTCHESFÖHLER

Regelmäßig fragen wir unsere mundartsachverständigen Leser nach schönen rheinischen Redensarten und meist erhalten wir sehr ansprechende Zuschriften. Unter den Dialektsprechern, die sich häufig beteiligen, gibt es auch Kandidaten, die ein ausgeprägtes Faible für besonders deftige, ja, derbe Formulierungen haben.

In der Regel verzichten wir allerdings darauf, diese in den Kanon unserer Redewendungen aufzunehmen, weil wir ja als Zeitung den ganzen Tag Sendezeit haben und auch regelmäßig von Kindern gelesen werden. Außerdem hat sich der gesellschaftliche Konsens darüber, was geht und was nicht mehr geht, in der letzten Zeit stark gewandelt. Ich sage nur: #metoo-Debatte! Da fallen automatisch einige Themenbereiche weg, die man früher eher ohne schwerwiegende Hintergedanken angesprochen hat.

Wie dem auch sei: An dieser Stelle müssen wir mal von unserer ehernen ethischen Regel abweichen und ein bisschen in die Kiste greifen. Denn erstens ist uns diese Redensart schon von vielen Menschen angetragen worden, und zweitens stand jetzt nochmal eine Dame im betagten Alter von 93 Jahren auf der Matte, die uns empfahl, das doch mal zu bringen: „Pass op, dat es ene Föttchesföhler." Dreh- und Angelpunkt für das Verständnis ist hier das

Kompositum „Föttchesföhler". „Föttchen" ist die verniedlichte Form der „Vier Buchstaben", manche nennen sie Gesäß. Die Übersetzung ins Hochdeutsche würde also lauten: „Pass auf, das ist ein Hinterngrapscher."

Ganz offensichtlich gehörte der Satz in den Sektor der allgemeinen erzieherischen Anweisungen für den weiblichen Nachwuchs.

Unsere 93-jährige Tippgeberin erinnerte sich an die Warnung ihrer Jugendfreundin, die sich damals auf deren eigenen Vater bezog. Und wie sie berichtet, war der Satz nicht aus der Luft gegriffen. Die Tatsache, dass sie heute noch sehr unbefangen, ja, belustigt davon berichtet, zeugt davon, dass sich die Einstellung zu manchen Verhaltensweisen inzwischen grundlegend geändert hat. Damals galt das noch im eigentlichen Sinne als Kavaliersdelikt.

INHALTSVERZEICHNIS

AUFLÖSUNG RHEINISCH-QUIZ

1. Lällbäck = Halbstarker, Flegel

2. Röpejaffel = Rübengabel

3. Sehvemanes = seibernder Mensch

4. Dorjeneen = Durcheinander

5. Schöpp = Schaufel

6. Drallije = Gefängnisgitter

7. basses = Ausruf des Ekels

8. Schottel = Schüssel

9. jedutsch = geduckt, kraftlos, schwach

10. läddich = leer

Quelle:
Herbert Weffer, Von aach bes zwöllef –
Ein bönnsches Wörterbuch

General-Anzeiger-Radtouren
14 schöne Radrouten in Bonn und der Region

Rauf aufs Rad, rein in die Natur!

Um die Region zwischen Ahr und Ruhr zu entdecken, ist das Fahrrad das optimale Transportmittel. Darum hat der General-Anzeiger 14 Touren zusammengestellt, und Redakteure sind aufs Zweirad gestiegen, um die attraktiven Routen selbst zu testen.

Das Ergebnis liegt jetzt auf 176 Seiten vor – illustriert mit vielen Fotos und ergänzt durch detaillierte Karten, Strecken- und Höhenprofile. Es enthält Feierabendtouren, Tagesausflüge und Streifzüge für die ganze Familie.

Softcover mit Klappen und 14 Ausklappkarten, Format: 12,5 x 19 cm, 176 Seiten, durchgehend farbig illustriert
ISBN: 978-3-96058-253-3

€ 12,99

40 Jahre General-Anzeiger-Wandertag
Die schönsten Routen zum Nachwandern

Wo Wandern Spaß macht: Mit den schönsten Routen aus 40 Jahren General-Anzeiger-Wandertag möchten wir Sie zu den Besonderheiten der Region führen. Grüne Auenlandschaften, ausgedehnte Wälder und Bergkuppen mit faszinierender Aussicht warten auf Sie.

Packen Sie Ihren Rucksack, erkunden Sie die Region und machen Sie sich auf den Weg zu Ihrem persönlichen Naturereignis.

Softcover mit Klappen, Format: 12,5 x 19 cm, 176 Seiten, durchgehend farbig illustiert
ISBN: 978-3-96058-989-1

€ 9,99

Jeläufs in Kölle
19 City-Sport-Touren mit Varianten

Tobias Baum

Maach dat du russ küss! Unternimm die schönsten Touren innerhalb der (vielleicht) schönsten Stadt Deutschlands. Mit Hilfe dieses Buchs kannst du 19 tolle Routen (samt Varianten) mit einer Länge von bis zu 19,5 Kilometern einschlagen. Sportstudent Tobias Baum fordert uns zum Mitmachen auf und zeigt, dass sich den Bewohnern der Großstadt Köln schöne Plätze und Routen bieten, die zu unterschiedlichsten Formen der Betätigung einladen: zu einem Spaziergang, zum Joggen, Skaten oder Fahrradfahren. Besondere Streckenmerkmale wie Länge, Beleuchtung oder Bodenbeschaffenheit sind jeweils angemerkt.

Softcover mit Klappen, Format: 12,5 x 19 cm
152 Seiten, durchgehend farbig bebildert
ISBN: 978-3-96058-298-4

€ 9,99

Der Kölsche Unterschied
52 Gründe, den Kölner zu lieben ...

Olaf Schumacher

Der Kölner ist anders und der Düsseldorfer ist ganz anders. Die beiden können nicht miteinander und sie wollen auch nicht miteinander. Wie das kommt und wo die unüberbrückbaren Unterschiede und Gegensätze dieser beiden Volksstämme liegen, sehen Sie hier an Beispielen wie Humor, Charakter, Karneval, Botoxkonsum, Luxus, Schwarzarbeit, Tierschutz, Gartenbau und vielem anderen.

Softcover, Format: 12 x 15 cm,
112 Seiten, durchgehend farbig illustriert
ISBN: 978-3-943883-39-8

€ 7,99

499 Tipps für einen schönen Tag in Bonn & Umgebung

General-Anzeiger

Wie verbringt man einen schönen Tag in Bonn und der Region? Die Antwort darauf hat der General-Anzeiger Bonn in seiner Reihe „399+1 Tipp" mit den besten und abwechslungsreichsten Ausflugstipps vorgestellt! Mit 99 ZUSÄTZLICHEN TIPPS sorgt dieses Buch nun für einen noch besseren Überblick über die Highlights der Region! Mit diesen Tipps steht Ihnen ein unvergesslicher Tag bevor.

Softcover mit Klappen, Format: 12,5 x 19 cm,
216 Seiten, zahlreiche farbige Abbildungen
ISBN 978-3-945152-04-1

€ 9,99

Kennen Sie Bonn und sein Umland?
Foto- und Quizbuch

Hans-Dieter Weber

Sie wohnen in Bonn. Sie mögen Bonn. Sie glauben, Sie kennen Bonn? – Falsch! Anhand dieses Fotoquizbuches werden Sie Bonn und sein Umland neu entdecken! Architektonische Kleinode, an denen Sie Tag für Tag eilig vorüberlaufen, Details, die Sie bisher noch nie wahrgenommen haben und versteckte Schönheiten, die Sie noch gar nicht kannten: Mit diesem Buch stellt Hans-Dieter Weber Ihre Kenntnisse über die ehemalige Hauptstadt auf den Prüfstand.

Softcover, Format: 13 x 20,5 cm,
168 Seiten, zahlreiche farbige Abbildungen
ISBN 978-3-945152-62-1

€ 9,99

Kölsche Weihnachtsfreude

Ludwig Kroner

24 weihnachtliche kölsche Geschichten, mal zum Schmunzeln, mal nachdenklich, aber immer kölsch hat Ludwig Kroner in diesem Weihnachtsbuch zusammengestellt. Dazu machen 24 Rezepte von Plätzchen bis zur Weihnachtsgans die kölsche Adventszick und Chreßnaach perfekt – zum Vorlesen, Nachkochen, Mitmachen und Genießen!

Hardcover, Format: 17 x 17 cm,
120 Seiten, durchgehend farbig bebildert
ISBN 978-3-945152-61-4

€ 14,99

Kölscher Adventskalender

Ludwig Kroner

Adventzigg!

24 Gedichte –
op kölsch und hochdeutsch!

Mal lustig, mal besinnlich, haben sie alle etwas gemeinsam: Sie erfreuen jeden waschechten Rheinländer und solche, die einer werden wollen.

Und die Immis brauchen nicht verzweifeln: Jedes Werk ist natürlich auch auf hochdeutsch vertreten.
En däm Sinne: E jlöcksillich Chresskind!

Spiralbindung, Format: 16 x 17 cm,
24 beidseitig bedruckte Seiten, durchgehend farbig bebildert
ISBN: 978-3-96058-983-9

€ 9,99